Experiencias de Vida

John David Barrientos Rodríguez

Experiencias de Vida

2007

A Sera Sakaguchi

© Fotografías de cubiertas: a orillas del Tamagawa
John David Barrientos Rodríguez, Tokio/Japón
e-mail: jdbarri@yahoo.es

© Lulu Enterprises
860 Aviation Parkway
Suite 300
Morrisville, NC 27560
United States

ISBN: 978-1-4303-2673-1

CONTENIDO

II. MIS EXPERIENCIAS

PRÓLOGO

Nuestra vida la expresamos por nuestras experiencias. Esas *Experiencias de vida* están presentes en cualquier persona, de ahí que contarlas, o escucharlas, sea algo tan cotidiano, como necesario, en nuestras relaciones personales.

Las experiencias de este libro aparecen como escritos cortos, en dos capítulos con matices distintos, que no se oponen. Así en el primero, *Experiencias*, aparecen éstas según su posible carácter común en la vida de cualquier persona; son siete ensayos cortos en los que pensamos cómo se puede explicar cada una de las experiencias propuestas. En el segundo capítulo comparto algunas de *Mis experiencias*, descritas según se vivieron, y con poca distancia, en el tiempo, respecto al acontecimiento, ya fuese en Medellín, Madrid, Lisboa o Tokio. En este capítulo respeté el modo como escribí cada experiencia, de ahí que algunas tengan un tinte poético.

Así, *Experiencias* y *Mis experiencias*, son *Experiencias de Vida*, por las que sólo se pretende compartir parte la vida y el pensamiento, sólo posible porque mi vida siempre dice más de mí, siempre cabe esperar más de ella, y más aún porque siempre estamos ante la irrenunciable presencia de los otros. Antes de entrar en los primeros escritos me detendré un instante más para que pensemos el marco de este libro según el sentido que tiene compartir estas experiencias, de vida y pensamiento, a través de la palabra escrita.

Por la palabra escrita o hablada contamos aquello que vivimos. También por ella los demás reconocen algo de nuestra acción presente, de nuestra vida. Así entendemos por qué para cada uno es tan importante cómo piensa y cómo vive en cada momento. También comprendemos por qué tratamos de compartir las experiencias y reconocemos, por ejemplo, el valor de sentirnos acogidos en una conversación sincera entre amigos. La palabra es un vehículo cotidiano por el que hallamos un modo de expresar y reconocer el sentido de lo que somos.

Un filósofo alemán, J.G. Fichte, afirmaba en la palabra una acción de la conciencia reflexiva, según la cual estabilizamos lo que vivimos, es decir, lo fijamos. Sin ir al fondo de esta consideración, es evidente que la palabra nos permite decir lo que vivimos y a su vez comunicarnos con los demás. También es claro que, aunque tuviésemos todas las palabras del mundo y las lenguas del mundo nos quedaríamos cortos para explicar la totalidad de una experiencia. Pero igualmente podemos decir que la palabra, el pensamiento, es propicio para comunicar del mejor modo posible nuestra vida. Según esto, cuando hablamos con otra persona, escribimos, o leemos, tenemos ante nosotros la oportunidad de dar y recibir, en definitiva de compartir por la palabra.

Al vivir en Japón, como es mi caso, una de las necesidades que siente todo extranjero es la de comunicarse. De ahí los esfuerzos por aprender el idioma, además de la evidente urgencia de hacerse entender con o sin método. Así por ejemplo un amigo me decía: "Lo que importa es que a uno lo entiendan", por eso cuando habla con japoneses intenta todas las estrategias posibles según los idiomas que ya habla o balbucea, parte en inglés, tres palabras japonés, otro tanto en italiano, en español, o incluso a través de gestos que considera patrimonios de la humanidad. He visto que aquí, en Japón, no somos pocos los extranjeros que buscamos ámbitos, para compartir nuestra vida y pensamientos. Obviamente esta experiencia de compartir tiene una llamada primera en la presencia de los otros. El otro, la persona, siempre nos comunica algo, no sólo con palabras articuladas, como venimos justificando, sino, más aún, con toda su vida, con su rostro, según veremos más adelante.

A veces la presencia de los otros no sólo habla sino que incluso grita en su silencio, o aparente indiferencia. Basta como primer paso estar atentos a la propia voz que susurra en nosotros para empezar a ver signos de esto. De lo que se trata es de abrirnos a escuchar siempre la voz del otro de mí mismo y de los otros, de los demás.

El reto inicial en la experiencia de compartir la vida es llegar a ver y escuchar cotidianamente a quienes me rodean: mi familia, mis amigos, mis compañeros de trabajo o estudio, siempre abiertos a los demás. Cada uno sabe quien le llama a vivir esta experiencia en su día a día. Para ver y escuchar en el sentido más radical se exige la apertura en nuestras relaciones diarias, una mirada atenta y una escucha cuidadosa capaz incluso de escuchar los silencios. Como me dijo un amigo que vive aquí en Japón hace muchos años: "Una vez se habla bien japonés hay que aprender a callar en japonés"; según lo he corroborado, pasado algún tiempo en Japón, es importante saber hablar, callar, e interpretar(leer) los silencios. De ahí que en este libro compartiré por la palabra escrita y también a través de algunos silencios. Espero que ambas cosas sean un aliciente para compartir de modo análogo la vida y el pensamiento.

I. EXPERIENCIAS

1

Tres miradas a lo importante

Para empezar planteemos algo que siempre parece latiendo en la inquietud más anterior que uno pueda buscar en sí mismo, es decir, ese cuestionamiento que parece asaltarnos en los momentos particularmente serios de la vida, cuando uno dice: vamos a pensar en serio qué es lo que quiero, o qué sentido tiene mi vivir. Es una de esas puestas en escena que me decido ahora a revisar, con un método propio que nos permita acercarnos a lo importante en la vida de cada quien. Obviamente estos pensamientos tienen un carácter parcial al requerir otros estudios más detallados y de profundización.

Escribir acerca de lo importante es de las cosas más difíciles que hay. En primer lugar porque no sabemos con certeza qué es lo importante. En segundo lugar porque, aunque sospechemos o intuyamos algo al respecto, preferimos vivir eso que vemos en el instante como importante, antes que escribirlo. Aunque paradójicamente cuando escribimos eso que valoramos como importante hace un momento parece que empezamos a asistir a su ocaso, como si se escapase de nuestras manos.

Como veíamos en el prólogo, creo que en la escritura hay una responsabilidad y un servicio a los demás que muchos agradecemos cuando se pueden leer palabras sinceras, y más aun si alguien pasa por momentos difíciles o está en búsqueda decidida para intentar acercarse a la verdad de sí y de los otros. Abordaremos las inquietudes sobre lo importante a partir de tres experiencias que son primeras para la vida de cualquier persona: *la experiencia de revisar las creencias, la experiencia del temor, y la experiencia del ansia.*

1. La experiencia de revisar las creencias

En esta primera mirada a lo importante, de tres que tendremos, se nos indica la necesidad de revisar aquello en lo que creemos, no se trata de mirar la fe religiosa, aunque no la excluya, sino de revisar las propias creencias, en el sentido más amplio posible, es decir, todo aquello que considero importante en mi vida, hasta el punto de indagar en aquello que sustenta el sentido de mi día a día, de mis trabajos, pasiones, e intenciones diarias, en mi acción.

A partir de varias observaciones comprometidas, y de compartir con muchas personas, señalo como central en la propia vida la necesidad de una revisión entusiasta y cuidadosa de las propias creencias. Esta revisión es una experiencia primera de apertura en el plantemiento propio de lo importante, según ella se abre un horizonte de conocimiento en el que me pregunto sinceramente qué alienta mi vida, qué la mueve. Se trata de revisar aquello en lo que creo, ya concebido como creencia, la más de las veces, sólo a fuerza de la costumbre.

Aquí las creencias no se reducen a recordar nuestras metas, planes, proyectos o finalidades en los que ya hemos embarcado nuestra vida: determinado trabajo, oficio, situación material o del entorno. El esfuerzo sincero debe indagar sin reservas sobre las convicciones y verdades propias, las creencias. Normalmente tenemos varias, no podríamos vivir sin ellas. Incluso quienes dicen no tener creencias, cuando optan por alguna suerte de absurdo, o nihilismo, se encuentran en situación de reconocer un estado vital propio que les permite vivir como viven, siendo esas creencias el sustento inmediato de su condición de hastío, o aparente nada.

Esta primera experiencia en la que nos aventuramos no es una escogencia azarosa, entre las múltiples experiencias, que tenemos las personas, los individuos. Más bien consiste, sencillamente, en una vuelta a sí, que siempre late en cada uno, como si fuese un reclamo siempre desoído. He aquí el punto de inflexión para reconocer esta experiencia y darse la oportunidad de preguntar por aquello que considero verdadero en mi vida y que parece tan evidente, pero que tal vez merezca ser visto con ojos nuevos. Se trata de abrir el horizonte de búsqueda que nos lleva a algo más de nosotros mismos, que funda la esperanza de cada vivencia, y da sentido a la llama de la inquietud, al parecer, tantas veces silenciada por sí mismos.

Hay que revisar las creencias siendo conscientes de tenerlas incorporadas a la vida cotidiana, nos son inicialmente familiares, cuando las vemos en nosotros. De ahí el cuidado que hemos de tener para no trivializar ese ir al fondo de sí al preguntarnos por ellas y su sentido. Así somos traídos, como de golpe, a intentar ver lo importante, tal vez, sin que se nos pueda revelar en su magnitud, pero si alentados por la visión que tiene quien pregunta sinceramente. Porque, en esta experiencia de revisar seriamente las creencias propias, el suelo seguro que creemos ya ganado es movido desde las creencias tenidas, confirmadas o replanteadas.

2. La experiencia del temor

En esto de pensar lo importante se descubre inicialmente la necesidad de una reflexión en la que se tiene que hilar muy fino, y creo que nunca se está suficientemente a tono para intentar escribir sobre esto debidamente. Así, contando con esta incertidumbre advertida, quiero compartir la responsabilidad con el lector e invitarlo a pensar el temor mismo. Será esta una segunda mirada a lo importante: la experiencia del temor.

Antes que nada, sin entrar en detalles de definiciones o distinciones de lenguaje, señalamos nuestra aproximación al temor como una experiencia propia que parece estar abocada al núcleo de la vida misma, de la vida propia, al preguntar sobre aquello que más nos importa y que queremos hacer con absoluta responsabilidad. Por ello no identificaremos el temor con el miedo, porque el miedo está más asociado a las fobias, fantasías, y representaciones que tengo de personas, situaciones, cosas, espacios, o animales que sería conveniente considerar en su relación con el temor pero que no es el objeto primero de esta experiencia.

A la vez que revisamos las creencias propias se puede reconocer la experencia del temor. Las creencias nos alientan al reconocimiento de aquello que mueve la existencia. Aunque sintamos sosobra al preguntarnos con seriedad acerca de ellas se nos presentan como una aventura a jugarnos, con sentido, la vida en el día a día. El temor, visto de paso, parece contener en su mención, un mensaje de ¡Alerta! ¡Cuidado! Como un pensamiento según el cual creo que si llego a temer es porque hay un motivo en mí que de algún modo ajeno a mí me amenaza o me lleva a algo desconocido de mí, y en el mismo sentido si pienso que es desconocido tal vez no sea bueno para mí, puedo creer que es algo oscuro de mí mismo, no visto, y por eso mismo tal vez nunca quiera atreverme a reconocerlo.

Sin embargo el temor propiamente muestra otra cosa, está en sintonía con las posibilidades de las creencias vividas con sentido y apertura. El temor como tal no significa mal alguno en nosotros, sencillamente es una experiencia en el horizonte de búsqueda en la que nos embarcamos. Claramente el temor es un anticipo que revela en nosotros parte de nuestra experiencia de mal. Es decir, cuando veo que mis acciones, fundadas en mis creencias tienen consecuencias, en el mejor y en el peor de los sentidos posibles, siento las posiblilidades y límites de mi acción libre, y las responsabilidades que comporta.

Básicamente se trata de encontrarse en esa alternativa, expuesta por un filósofo Danés, Kierkegaard, en la que o bien decido esto, o bien lo otro, seguro de que tanto si escojo lo uno o lo otro ello tendrá consecuencias en las historia propia, de los demás y del mundo.

Debo decidir a cada instante la responsabilidad de mis actos, con sus respectivas consecuencias, pues en ese sentido ninguna acción mía deja de ser responsable del bien y del mal en el mundo. Incluso puedo dar más noticia de mi culpa, de mi mal a otros, que viceversa. En ese sentido siempre yo soy el más culpable que conozco, y mi exigencia ha de ser la del no mal, implicando de mi parte una exigencia dedicada en la tarea propia por redimir, con mi decisión y acción, el mal del mundo, es decir, trabajando por un menos mal posible. Este sentido es contrario a toda inactividad, nos vemos en la tarea de ser verdaderamente sí mismos en la lucha contra el mal. De ese modo, tal vez, empiezo a vivir una ínfima parte en el bien buscado.

A esta altura estamos inmersos en la experiencia del temor. Se presenta como llama atenta e inquieta de mi libertad, de mis decisiones presentes, y sus consecuencias, tal vez, infinitas. En esta experiencia me encuentro anclado y lanzado en la tensión individual entre lo que considero bueno y malo, mejor o peor, verdadero o errado. A partir de la paradoja en la que me he convertido, y en medio de la alternativa, me veo llamado a no evadir con mis decisiones *la responsabilidad de un no mal para los otros*. La condición que viene a mí es la de no olvidar el sentido de la culpa, del mal, en mis acciones, viendo en todo ello una posibilidad de empezar a presenciar la tarea del bien.

El temor, es entonces, una experiencia que nos permite acercarnos a lo importante por sí mismos. El miedo al temor, o las representaciones que hagamos del temor, no pueden acallar la inquietud que nos pone en situación de tensión temerosa y apasionante, de gozo y dolor, de alternativa. En realidad quien teme, en el sentido fuerte que hemos mencionado, vive, revisa sus creencias, y emprende, cuantas veces sean necesarias, nuevas acciones con miras al no mal, como si con su acción no sólo pudiese redimir su culpa y afirmar su felicidad, sino la de todo el mundo. De ese modo, confiamos que en el temor de quien renuncia activamente al mal propio en los otros se nos empiece mostrar parte del bien siempre presente.

3. La experiencia del ansia

Como tercera, y última aproximación a lo importante, nos detendremos en la experiencia del ansia. Esto se debe a que tanto la creencia como el temor, tratados anteriormente, son traídos a nuestra vida por la experiencia del ansia. Mencionábamos a Kierkegaard en el marco de la tensión cuando nos encontramos en la alternativa, pues este mismo filósofo escribe sobre el concepto en el que nos detendremos, tradicionalmente traducido del danés al español como *angustia*, aunque creemos que es más propio hablar de este como *ansia*, según la interpretación que del término hace el profesor García-Baró. Cabe indicar que no estamos abordando aquí un estudio a partir del filósofo.

En primer lugar pensemos que normalmente asociamos el ansia con el deseo. Así por ejemplo decimos casi en el mismo sentido, me gustaría ser bueno o rico, como quiero serlo, o ansío serlo. De ese modo este querer está asociado a mi decisión activa, a mi deseo de alcanzar algo, o ser algo. En este caso se trataría de poner todos los medios a mi alcance para ser bueno o rico. Aún así, digamos que es distinto, de raíz, el deseo, o el querer, de la experiencia del ansia. Por eso, como veremos, aunque el deseo es tan propio y valioso en nuestras vidas, la experiencia del ansia, tiene la misma dirección que nos indicaban la revisión de las creencias y la experiencia del temor.

El Ansia, por decirlo un poco de golpe, está más atado al aliento último y primero de mi propia vida que a la acción diligente, voluntaria, cuando deseamos algo y nos ponemos a la tarea. Es una experiencia que viene a mí como si siempre nos estuviese asaltando, siempre dándose en mi vida, latiendo de un modo tan íntimo, propio, y constante, como si fuese el ritmo de mi espíritu en mí.

En las tradiciones religiosas, y místicas, hay una afirmación de lo divino a partir de una escucha anhelante, o que ansía diríamos aquí, que a su vez comparten con milenarias tradiciones como la del shinto o el budismo, la necesidad del silencio del individuo. Todas estas formas de vida evocan en el ansia una pasividad que no es inactividad del espíritu propio, sino tensión, temple del propio ser. El ansia viene a ser la resonancia en mí del espíritu propio que, en sus más hondas consecuencias, parece dirimir su sentido en la certeza de una experiencia de finitud y posible infinitud.

El ansia en ningún sentido se refiere a la ansiedad, como una especie de impaciencia por aquella situación que se nos viene encima y no sabemos como abordar. La experiencia del ansia es algo siempre presente en cada uno. A veces por la posible desprevensión con que tal vez vivimos, respecto a las cosas que dan sentido a nuestra vida cotidiana, llegamos a necesitar momentos propios o incluso métodos y espacios para acallarnos, silenciarnos, escuchar, y reconocer la propia ansia. Inicialmente se trata, por lo menos, de intentar escuchar y darme cuenta que puedo escucharme en lo más anterior y clamoroso de mí mismo. Muchos utilizan técnicas de relajación, de manejo de respiración, o de ejercicios físicos que permiten reconocer cada parte del cuerpo para equilibrar la fuerza y la tensión física. Algunos de estos espacios en nuestra vida agitada son muy útiles para tener un mayor dominio de nuestro cuerpo, un mayor autocontrol, o para manejar nuestro estrés. Todo esto nos puede ayudar a silenciarnos para escuchar mejor; pero en ningún sentido sustituye, o trae a sí la experiencia del ansia.

El ansia, muy particularmente, se encuentra en la tensión vital de quien se reconoce en finitud con horizonte, aparentemente inexplicable, de infinitud. Es decir, veo que me acabo, soy corruptible, me consumo, me muero, y constato al tiempo que ansío vivir infinitamente. A su vez, no encuentro un sentido de vida según las condiciones naturales en que vivo mi vida, la única que creo conocer, soportando todos los tiempos históricos, como espectador del circo de la humanidad, viviendo todos los años de la humanidad, y tampoco tiene sentido que todo acabe con mi muerte, al ser sólo comida de gusanos, o ceniza que consumió el fuego. En ese aparente dilema cabe escuchar el más allá de sí mismo en nuestra finitud, en nosotros mismos, escuchar mi ansia hecha clamor.

Una vez en el umbral de la experiencia del ansia, nosotros no hablamos, sino que escuchamos en nosotros. Allí seguramente se nos habla con el lenguaje más antiguo y primigenio que hayan escuchado cuantos hombres y mujeres han estado y estarán en este mundo. Será seguramente la otra voz de mí mismo que como un fino y flexible hilo del material de nuestro espíritu teje nuestra vida, permitiéndonos ver la responsabilidad que exigen los otros con su mera presencia, la comunión, y los prójimos. Todo ello, reconocible en fenómenos como los de la empatía, la simpatía, y el pudor, por mencionar algunos.

Esta experiencia de ansia se va desvelando una vez revisadas las creencias, sin bajar la mirada ante el horizonte del temor, y dispuestos en el silencio a lo más íntimo de uno mismo. La inquietud que se abre en estas experiencias está estrechamente ligada a la búsqueda interior, a la verdad y a la vida feliz.

Qué ansío y de qué manera se presenta en mi vida es tarea de cada uno, al tratar de verlo con la mayor serenidad y sencillez posible. Reitero que se trata del ansia propia, no de la me hubiesen dicho, o de aquella que me represento deba ser o que haya pensado antes. El valor de esta experiencia radica en el horizonte de verdad abierto según mi condición vital de inquietud. Hasta aquí las miradas a lo importante a través de estas tres experiencias.

2

La experiencia del diálogo

Para pensar la experiencia del diálogo reconocemos la necesidad de intentar ir a sus orígenes en el individuo, y ver las posibilidades de despliegue en tanto que diálogo a través del lenguaje. Para esto estudiaremos tres aspectos que parecen inherentes a él, y que se justificarán a medida que los desarrollemos: *El individuo, el lenguaje*, y *el contenido*; es decir, el diálogo requiere de alguien que lo ejercite, de modos comunicativos que permitan expresar algo o decir algo, y además, el diálogo necesita comunicar algo. Finalmente, abordados esos tres aspectos, pensaremos qué características son las más propias en el *diálogo*.

1. Los individuos

Cuando tratamos de comprender qué es una persona, un individuo, miramos a sí mismos y a otros semejantes. Pero antes de arriesgar definiciones de sí mismo y de otros, hay una primera constatación natural e inmediata que se nos presenta, y dice: *yo soy yo*. Esta es una primera evidencia para acercarnos al yo. Consideremos, para iniciar nuestro pequeño estudio sobre la experienia del diálogo, que el *yo soy yo* nos sugiere claramente la identidad, la unidad del yo, un yo que no está distante de sí.

Señalemos que en esta constatación inmediata de ser individuo, hay dos modos tradicionales para empezar a pensarlo. Un modo invita a la distinción formal por la cual si yo soy yo, no soy otra cosa distinta que yo. El otro modo afirma la primacía del yo a partir de la experiencia de tenerse a sí mismo, es decir: yo soy yo porque me pienso, porque me siento, porque vivo, en definitiva porque me puedo ver como yo a través de la experiencia de ser mí mismo. Aquí también el mundo es parte inmediata del yo, el mundo me pertenece, viene continuamente a la vida del yo, a mi vida.

Para poder adentrarnos en el individuo optamos por afirmar el yo a partir de la experiencia de ser yo mismo, que naturalmente nos permite ir a nosotros mismos y afirmar yo soy yo, no necesariamente como la esencia unitaria de algunos filósofos, sino más bien como individuo que pregunta por sí mismo, es decir, que pregunta radicalmente por su vida y por el mundo. De este modo todo empieza a pertenecer al yo, lo que quiere decir que tengo esa experiencia por la que todo me pertenece: mi mundo, mis amigos, mis descubrimientos, mis conocimientos de música, mi cansancio, mi tristeza, mis planes, mis anhelos, mis fantasías, mi desconocimiento, mi ignorancia.

También nos adentrarnos en el individuo al afirmar el mundo, mi mundo, como no yo. Para esto tenemos dos sentidos posibles: *el mundo como aparente mundo no vivido*, esto quiere decir, mi mundo desconocido o por conocer, que en realidad sería una idea, y se viviría como idea mía; y *el mundo del yo*, que aún viviendo el mundo como propio, se descubre insuficiente en la comprensión de sí mismo en tanto que yo. En este segundo sentido se abre el camino a la pregunta por el yo, porque en este mundo del yo primigenio, del yo soy yo, no estoy en condiciones de definirme y tenerme a mí mismo totalmente. Así entonces se crea una aparente fisura, mejor decir, un distanciamiento en el interior del yo, que se expresa en la pregunta ¿quién soy yo? Esto se debe a un movimiento de despliegue-repliegue del yo, por el cual se exige para sí mismo el conocimiento, la verdad, que le permita vivir el mundo con sentido.

Ahora el *yo soy yo* se nos presenta problemático, como constatación abierta al interior de sí, al conocimiento de sí, como pregunta en el individuo. *¿Quién soy yo?* Nos pone en una situación nueva, porque cuando le pregunto al propio yo acerca de mi yo, se espera respuesta, o un intento de respuesta. Esta respuesta podrá venir sólo porque previamente nació el lenguaje como una pregunta seria y contundente que pone en jaque al yo. Es aquí donde se asiste a las primeras condiciones vitales del diálogo, que se anticipa en la espera de la respuesta, y también empieza a alimentar su vida, como diálogo, en el individuo. Este *logos*, pensamiento, palabra, que nace en el individuo como pregunta, y en la vida del yo como inquietud, expresa el primer paso para ser lanzado del yo al yo mismo como dialogante. Por ejemplo, en el niño que empieza a caminar hay un momento en el que da sus primeros pasos y quien lo mire puede diferenciar un primer paso que indica uno siguiente más arriesgado, anticipando al observador, a una madre tal vez, que en adelante el niño está definitivamente abocado, lanzado a caminar. De modo análogo el yo está abocado a sí mismo, por el lenguaje que da su primer paso como pregunta, al diálogo consigo.

Según lo dicho acerca del individuo y del yo podemos presentar tres claves que nos ponen en el umbral de pensar más en detalle la experiencia del diálogo a partir del lenguaje: *El individuo reconoce su finitud en la apertura al mundo que vive. El individuo tiene un horizonte de infinitud al interior del yo. El yo está en clave de alteridad, de relación con los otros, desde su génesis.*

2. El lenguaje

Comúnmente aprendemos que el lenguaje es el vehículo del conocimiento, el medio a través del cual comunicamos algo. Básicamente, si somos coherentes con la pregunta que quedó abierta acerca de ¿quién soy yo? y contando con la situación del individuo, en tanto que yo, dispuesto a esperar respuesta de sí mismo, es necesario tratar de pensar cómo comunicar aquello que necesitamos o debemos comunicar. En ese sentido volvamos sobre las tres claves anteriores que nos permitieron un intento de definición del individuo, y veamos ahora su correlato en el lenguaje.

En el yo como abierto al mundo (a las cosas), el yo nombra todo lo que puede diferenciar, en muchos casos hace esfuerzos por encontrar una correspondencia entre las características de la cosa que nombra, y la palabra con la cual la nombra; también entre la cosa y el sonido que la hace presente; entre la cosa y el modo como se expresa por escrito; o entre la cosa y los gestos que la representan. Todo esto se puede repensar, y ver, desde los albores de la historia hasta nuestros días, en las tradiciones orales, las inscripciones, los textos, el teatro, la música, el baile, el ejercicio de lo público, o la llamada comunicación a través de medios masivos.

En el horizonte de infinitud al interior del yo, al tiempo que vivimos el mundo, se acrecientan las posibilidades del yo, y se reconocen limitaciones. En un momento de mi vida veo con claridad que, por ejemplo, puedo aprender una técnica para pintar, o que no puedo conducir, en condiciones de competición, un coche de fórmula uno. Pero lo importante aquí es que las posibilidades de ser del yo parecen no tener fin, son inaprensibles para mí en su totalidad. Estas posibilidades pasan necesariamente por el esfuerzo de la pregunta seria y última acerca de la propia vida, tratando de buscar los mejores canales de comunicación que permitan expresar la pregunta y su intento de respuesta. Para esto bastaría ver expresiones y canales que dejan ver este esfuerzo de respuesta del despliegue humano, que van desde aprender a observar y a escuchar los otros, hasta el ejercicio de componer una obra musical, jugar al fútbol con un amigo, entrenarse para tiro de arco, estudiar una estructura de ADN, o dedicar la vida a estar entre los pobres. Como es evidente, aquí no se pretende una voluntad de poderlo todo, o una afirmación ególatra que margine al yo en un individuo abstraído del mundo y de los otros.

En el yo en clave de alteridad desde su génesis, el yo se abre a un horizonte interior y expansivo de lenguaje que le permite reconocer *otro* cuando dice yo. Este otro se reconoce al interior del yo porque es ahora aquel del que se espera respuesta, porque se tiene una certeza de posible respuesta, porque el yo ya tiene lenguaje, ya pregunta, y es de esperar que el otro yo, el otro de mi yo, que nace de mi yo, y se nutre de mi misma condición, pueda responder, o incluso ampliar mi lenguaje, que inicialmente es pregunta. De ahí que quepa aquello de *hablar consigo mismo* que, para nuestro caso, se trata del ejercicio de los diálogos importantes al interior del yo, como nos indicaron las *tres miradas a lo importante*, las cuales tendrán múltiples expresiones en el análisis, la autocrítica, el examen de intenciones y la reflexión.

3. El contenido

Para pensar el contenido de la experiencia del diálogo, partimos básicamente de pensar el contenido del lenguaje. Como bien lo sugiere la afirmación de un *contenido del lenguaje*, se trata de pensar qué lleva dentro el lenguaje, qué lo justifica y lo valida en su modo más primigenio. Según decíamos, el lenguaje se sostiene en el yo del individuo, que ahora reconoce el yo en tanto que otro, atravesado necesariamente por la pregunta abierta: ¿Quién soy yo?

Debo tratar de saber qué comporta, qué lleva consigo, el lenguaje cuando pregunto, o espero respuesta, partiendo del yo mismo. El asunto aquí es atisbar por ejemplo ¿Qué contiene la pregunta?, ¿qué llevan consigo las posibles respuestas o contra preguntas de mi otro yo mismo?

Aunque no se haya dicho explícitamente, la pregunta que llama al nacimiento del lenguaje, en tanto palabra, del modo ¿Quién soy yo? Intenta recoger un movimiento del yo. Este movimiento inicial presente espontáneamente en el yo es *la inquietud*. Porque cuando yo pregunto a mí mismo tengo la experiencia interior de saberme dueño de mí, pero también me encuentro con la paradoja de no tenerme totalmente. Esta inquietud es siempre una invitación al lenguaje en dos sentidos: uno que señala siempre el esfuerzo de ir a través de sí mismo, más allá de sí, para conocerme y en ello asistir a lo que hemos llamado *las preguntas serias de la propia vida*; y otro sentido que se refiere a cómo se presenta mi relación con los otros en tanto que individuos semejantes a mí, es decir la alteridad de los otros en tanto que otros que no son mi yo mismo, pero que al parecer son como yo, semejantes.

Según este último sentido, el de la relación con mis semejantes, en la inquietud latente del yo describimos dos movimientos que en realidad es uno, respecto a la manera como el individuo vive para sí mismo la experiencia del encuentro con otro en tanto que otro. Aquí ya no se trata del yo mismo como alteridad para sí mismo. En este marco hablamos de un movimiento de ida respecto al otro, y un movimiento de vuelta respecto al yo; y precisamente porque tanto el yo como el otro son individuos, podemos decir que los movimientos se reconocen según el sí mismo, y según el punto de mirada (desde el yo o desde el otro), en ese sentido es un solo movimiento respecto al individuo, es decir, yo soy yo abierto a mí mismo y el otro como otro individuo está también abierto a sí mismo, de ese modo ambos somos un yo mismo abierto al otro, y a la vez ambos somos otros reconocibles, manifiestos, a un yo mismo.

Así entonces en el movimiento de ida respecto al otro, se trata del yo mismo que expresa naturalmente su despliegue de sí mismo hacia otro que se le presenta, ante el cual está; incluso es algo que sensiblemente se puede anticipar en las primeras patadas del feto al vientre materno, aunque luego esa riqueza sea infinitamente mayor, porque se podrá reconocer, por ejemplo, a través de una sonrisa que nace de un recuerdo, de una representación, o a través de palabras con las que expreso a otro mis pensamientos o mis sentimientos. Es una dirección de ida, que va de mi yo inquieto, en un despliegue inquieto, según el cual reconozco mi vida, mi individualidad, en mi estar lanzado a mis semejantes.

El movimiento de vuelta respecto al yo, implica un reconocimiento del otro como otro, como absolutamente diferenciado e individual respecto a mi yo, y respecto a sí mismo. Pero ese reconocimiento es posible porque otro viene hacia mí, a mi yo. El modo como el otro viene y está lanzado hacia mí, lo concebimos inicialmente como presencia. Por ejemplo cuando alguien está en una acera fumándose un porro y yo paso cerca de él, aunque él esté abstraído en su acto, su mera presencia ya me dice algo sobre él como otro, hasta el punto que luego puedo intentar agotar lo visto, o lo percibido, pensando: "Ahí estaba un fumata, o estaba una persona que se evadía de sí fumando", o "había alguien que me impedía pasar con holgura por la acera". En todo caso de lo que no cabría duda es de la presencia de otro, que no era yo, que es semejante a mí en tanto individuo como yo, pero que al ser otro, en tanto otro individual, también es un yo inquieto y abierto a sí, y que respecto a mí es presencia, que incluso en su mero estar viene a mí. Este otro no puede aprehenderse a sí en su totalidad, como tampoco puedo hacerlo yo como individuo, de ahí que mi situación respecto a los otros implique necesariamente el reconocimiento de encontrarme ante otros que son más que yo, sin tener posibilidad alguna de hacerme totalmente a ellos.

Hasta aquí se puede afirmar que el otro excede mis posibilidades de conocerlo o tenerlo como propio de modo absoluto, incluso se me presenta como paradoja, el otro me es familiar y me es extraño. Según esto se puede ver que el lenguaje en su condición fuerte de relación entre dos individuos será expresado, manifestado, de múltiples maneras. Se puede señalar, por ejemplo, una aproximación que apunta en este sentido, cuando el filósofo judío, Emmanuel Levinas, describe el rostro del otro indicando que no es la apariencia sensible o material de la cara lo que está en juego, sino todo lo que el otro me dice, me manifiesta, hasta el punto de reconocernos rehenes y responsables ante esa llamada del otro que aquí podemos decir se expresa como lenguaje, el lenguaje de la presencia individual del otro que siempre dice algo.

Volviendo sobre la riqueza del lenguaje para sí mismo en su nacimiento como pregunta, ahora señalamos que, en ese sentido, también cabe una sensibilidad del sí mismo para sí mismo en clave de alteridad, es decir, un reconocimiento del sentirse siendo yo, sí mismo, en sintonía con la fisura mencionada al contraer el yo para formular la pregunta ¿Quién soy yo? Consiste en una afección propia, aquello en lo que me reconozco afectado, tocado vitalmente, en una dinámica por la que me descubro a mí mismo afectado. Podemos ver expresada esta dinámica, por ejemplo, cuando digo: ¡sufro! Este modo de sentirse es una afirmación de sí mismo, desde un distanciamiento inquieto del yo respecto a sí mismo, es otra modalidad que abre el lenguaje al interior del yo. A este modo de afección del yo le podemos llamar autoafección, tomando la palabra prestada del pensamiento de Michel Henry, aunque su sentido y horizonte sean, en parte, distintos. La afección también puede estudiarse según el otro, muestra de ello puede ser cuando me reconozco, por ejemplo, en la empatía, o en la caricia.

4. El diálogo

Finalmente en esta aproximación a la experiencia del diálogo, contando con las consideraciones anteriores, hay algunas características que nos atrevemos a mencionar como condiciones para que la experiencia del diálogo sea tal.

El diálogo es límite y posibilidad, como lo indica su ejercicio cotidiano, se manifiesta a través de las palabras hiladas, con miras a la comunicación entre dos o más personas. Según lo visto el diálogo limita el decir humano, porque no todas las posibilidades del individuo, como sí mismo y como otro, en su expresión lingüística pueden ser dichas. Pero el hecho de que el diálogo limite, al exigir naturalmente una coherencia lógica, y palabras que se expliquen, no quiere decir que limite al individuo. Por el contrario cuando dialogamos en coherencia con una dinámica de alteridad que nace y se nutre de la propia vida, en el yo mismo y en el otro como sí mismo, el diálogo es posibilidad vital del individuo. Tanto si digo a mí mismo: ¿Quién soy yo? Como si digo a alguien: ¡Sufro! El diálogo está abierto, es posibilidad.

Al dialogar hay unas reglas de juego implícitas, pero estás no son exclusivamente estratégicas o argumentativas desde una racionalidad despojada del individuo. Se trata más bien de un ejercicio lógico, racional y vital del individuo, que despliega un esfuerzo comunicativo, y cuenta de antemano con una actitud de cuidado y respeto por el otro. Esta actitud es un reclamo espontáneo en el diálogo para sí y para los otros, siempre y cuando reconozcamos el espacio común de la inquietud compartida, de la necesaria apertura, y de la condición del individuo como otro. Porque en el diálogo compartimos caminos que siempre están mediados por el entendimiento, la sensibilidad, la afectividad y la corporalidad. El diálogo gana en propiedad cuando afirmo, en las palabras que digo, una disposición a sentir o ser con el otro, anticipando parcialmente condiciones para el diálogo que implican la mirada mutua con él. Esto se expresa, a veces, en algo tan sencillo como dar un beso en cada mejilla al saludarse y al despedirse; o al modo japonés, cuando se hace en el mismo contexto un *ojigi*, que es esa pequeña reverencia o inclinación de cabeza ante una persona.

Para terminar nuestros pensamientos acerca de esta experiencia, apuntemos en ella un criterio ético, según lo trabajado por Levinas cuando se refiere a la responsabilidad que tenemos ante la manifestación de ese rostro del otro. Pensemos que el diálogo es también expresión de responsabilidad, coherencia y compromiso con los otros, y consigo mismo, no sólo porque el otro me excede y ya con su presencia llama para hacerme responsable de él, sino además porque con las palabras digo de sí mismo y me atrevo a conversar con otros, y de otros, rindiéndonos ante su rostro, como veremos en *la experiencia de los otros y la paz*. En definitiva el diálogo exige un esfuerzo de seriedad humana, incluso cuando hay broma o ironía de por medio, implica una tendencia personal a la unidad entre la propia vida y la palabra dicha; porque de otro modo estaríamos ante el poder de la palabra que miente, manipula y extorsiona. Así, se romperían buena parte de las posibilidades vitales del individuo como dialogante, al sumergirlo en un aparente diálogo que termina por ser habladuría, mentira, o lo que popularmente llamamos diálogo de sordos, es decir, un no diálogo.

3

La experiencia de los otros y la paz

1. El rostro del otro

En algunos retratos, o fotos, a veces se quiere encontrar un vestigio de esa vida retratada en la imagen que pretendió capturar el momento vivido. Hay fotos que parecen una invitación a intentar descubrir qué hay detrás de esas arrugas, de esa sonrisa congelada, o de la intención en alguien fotografiado desprevenidamente. Este deseo de saber algo de una persona que ya está en parte anunciada por una imagen, en una foto por ejemplo, es un lejano indicio de esa llamada que siempre viene de los demás cuando se encuentran ante nosotros, según la cual, y sin quererlo, solicitan ser reconocidos. Pasemos así de las especulaciones según las imágenes fotográficas a pensamientos sobre los rostros vivos que son los realmente nos ocupan.

Las personas somos distintas y semejantes, por eso siempre nos quedamos cortos para decir algo de alguien. Los otros, con su mera presencia, siempre dicen más de lo que alguien pueda adivinar en ellos. El mero vivir de los demás, como otros más allá de mí, expresa indicios ciertos sobre aquello que son, aquí viene entonces una dificultad, y una posibilidad: cuando pretendemos saber quién es el otro, verlo, conocerlo, nos debatimos entre encasillarlo según nuestros prejuicios y preconceptos, o ceder a la indiferencia de quien se desinteresa por aquello que escapa a sus pretensiones. Tanto en uno como en otro caso intentamos agotar la presencia de los otros en el anonimato. Esta tendencia, en esos casos, se da porque el punto de partida para reconocer a las personas es aquello que de antemano yo miro, y no aquello que me pueda decir la presencia de ese otro. De ese modo los demás entran en mi esfera de comprensión según mi parecer antes de ver aquello que me pueden decir. En este marco se les mira como si fuesen algunos entre muchos que viven como tantos, o como aquellos que puedo abarcar en una muchedumbre conceptual que tengo ya definida, o clasificada, según les considere buenos, malos, ricos, pobres, feos, bellos, gordos, flacos, simpáticos, uraños, leales, desleales, y así según las escalas propias que, a la primera, nos permiten delimitar grupos y tipos de gente, confiados en que ello nos facilita el conocimiento de cada persona.

Según esto hay una exigencia que salta a la vista, y consiste en tratar de ver esa verdad del otro que necesariamente nos habla. Cada persona tiene un rostro, no solamente una cara, me refiero a un modo permanente y siempre nuevo de estar presente en el mundo. Pero esa presencia no se limita a un estar material y corpóreo que es tan sólo un anuncio, como una primera capa de apariencia, de la vida de ese otro que expresa, manifiesta, más que su apariencia física; me refiero a que cada persona lleva consigo la experiencia propia de su acción, de su vivir, toda ella está anunciada en su presencia ante nosotros, incluso cuando aparentemente no está, al mediar la distancia física. Cada persona se nos revela en ese ahora, en esa presencia como rostro, a través de la sonrisa, del silencio, la mirada, la voz, la escucha, las palabras, los gestos, también de la apertura, del aparente olvido de sí, de su erotismo, de su dolor contraído, de su gozo latente; y así, de casi una infinidad de posibilidades que tenemos para reconocer a alguien, a cada persona, como un rostro que siempre nos revela algo de su verdad vivida.

Cada otro siempre es más que yo, no en clave de superioridad o inferioridad, sino según su condición de ser tal persona, una persona, por eso mi capacidad de decir acerca de todo aquello que es el otro es realmente muy limitada. Mi capacidad de juicio sobre la experiencia y la vida de una persona es demasiado parcial, esto se debe en primer lugar a que yo no puedo vivir en la piel y la carne del otro, y a partir de ahí estar en condiciones de decir qué conozco de él; aún poniéndome en sus zapatos, nunca podré ser esa otra persona con sus mismos zapatos puestos; y en segundo lugar porque las posibilidades que tiene cada quien para hablar de sí con alguna propiedad, no tiene un carácter definitivo, cerrrado, o totalizante, aún contando con los conceptos y las palabras al dar razón de mí, y de las personas. Es decir, cada quien es más que aquello que pueda decir de sí mismo, y obviamente la distancia para conocer a alguien es mayor cuando antepongo un juicio ya concebido respecto a otro, o alguien lo antepone respecto a mí.

La responsabilidad ante esos otros es una exigencia natural en estas condiciones, porque es al mismo tiempo la responsabilidad por aquel que no me pertenece, y que no soy yo. No puedo imponerme ante el otro, convencido por el propio parecer o por el de varios. Esto sólamente se debe a que hay una exigencia previa, contundente, que se deriva del reconocimiento de los otros y es anterior a todo parecer, se trata de *la responsabilidad por los otros* que son siempre más que yo; con un mandato primero que pone a la vista esta responsabilidad, compartida por tradiciones religiosas y prácticas de vida feliz: *¡no matarás!* Insisto en este clamor-mandato: *¡No me mates!* Cada persona, con su presencia, inicialmente me exige que no le mate, porque es otra persona, es la voz de un rostro que me habla con su presencia.

No estoy en condiciones, en derecho, ni en capacidad, de un juicio total sobre alguien para negarlo absolutamente, más aún matándolo. Matar es negar a alguien que obviamente no me pertenece. Menos aún si creyese que una persona me pertenece tanto como para matarla, ya sea en condición de juez, verdugo, esposo, enemigo, o lo que sea. No puedo pretender que alguien sea posesión mía, como si tuviese una bicicleta, o cualquier cosa, para mi uso y abuso. Ante todo se me exige, sin que nadie me lo imponga, responsabilidad con la vida del otro. Reconocer en cada acción ese ¡no me matés! Que viene de los otros, es el punto de partida más evidente y necesario en el encuentro de dos personas.

Como veremos, la tarea de la paz se invoca, según esto, con miras a la responsabilidad con cada persona y el respeto a ella desde este mandato del ¡No matarás! Por eso nadie está excento de concebir acciones que se funden en ese reconocimiento del rostro del otro. Hasta aquí adelantamos una base para abordar, las implicaciones de esta aproximación a *la experiencia del rostro de los otros*, con miras a fundar la tarea por *la paz*, que justifica aún más la experiencia de encuentro entre las personas, y sus irrenunciables responsabilidades. En este contexto cabe pensar: *¿cómo debe darse una acción sincera por la paz, contando con nuestra experiencia personal ante el rostro de los otros?*

2. Una vida en paz

Hablar de paz puede resultar tan general o retórico como quien dice desear que el mundo sea mejor, sin trabajar por mejorarlo. También escuchamos con facilidad expresiones como: vivamos en paz, busquemos la paz, déjeme en paz, necesitamos estar en paz. Normalmente estas y otras expresiones parecen explicarse al promover la paz como una ausencia de conflicto, de guerra, o para estar más a tono con el lenguaje posterior al 9/11, de terrorismo. Efectivamente, como ya vimos, en el rostro del otro hay una condición irrenunciable que nos exige, para las relaciones humanas, un ¡no me mates!, es decir, una condición-posibilidad de apertura a la vida de los otros, de sus rostros y de su presencia.

Sin embargo, se tiende a comprender el horizonte de la vida en paz según a la ausencia de asesinatos o conflictos entre las personas. Realmente con esta aproximación se termina por negar el sentido último de la acción de cada quien, y más aún, se cierra cualquier aspiración a una paz personal, política, social -si es que cabe una para cada ámbito- al no reconocer las posibilidades de la condición humana, su particular experiencia del ansia.

Esa estrechez de miras no se funda necesariamente en las malas intenciones de quien piensa, o siente, como venimos señalando. Muchas veces esto tiene su fondo en cómo sentimos en carne propia los actos violentos o de conflicto. Precisamente dichos actos nos llevan al límite en el sentimiento de indefensión, como testigos de primera mano en la negación de personas, ya sea en algún caso terrible de tortura, secuestro, o violación, por mencionar casos extremos, o en experiencias a través de terceros; de ahí que como reacción natural, casi de supervivencia, afirmemos como máximo bien la ausencia de ello, identificando casi en esa inmediatez de la experiencia difícil, y en muchos casos sostenida, la ausencia del conflicto, de la guerra, del malestar, de la intranquilidad, o de la agresión, como una paz última, o sentido último en nuestra aspiración de paz; cuando, en vez de ello, la ausencia de ese mal evidente, es lo natural, es mi derecho como persona que vive y tiene un rostro. Así terminamos por creer que la paz sería, por ejemplo, la ausencia de ese daño, una vez que el torturador ceja en su empeño. Pero lo cierto es que esa situación de secuestro no tenía, ni tiene porqué darse, no es normal, no es humano, además no tiene, ni puede tener, justificación alguna, porque quien incurre en esto no sólo niega al otro, sino que se niega a sí. Cierra su mundo en una mentira de sí, y firma su infelicidad.

Ante situaciones de mal radical aparentemente superadas, por ejemplo respecto a un país, se podría decir, que: este es un país en el que ya no hay asesinatos, o en el que ya no se tortura, o que al parecer ahora no se abusa sexualmente de niños, pero en ningún momento se debe afirmar que ya se vive en paz. Cabría decir que hay una aparente ausencia de determinados males que antes estaban a la vista.

De ese modo empezamos a reconocer en determinadas situaciones la ausencia de un tipo de mal, sin dar a entender que ya vivamos la paz.

Ahora, toda paz exige que una persona esté en condiciones de aspirar a ella durante su vida, y esto sólo es posible si se reconoce a los otros como vivientes, como otros. Si por el contrario se amenaza de muerte, o cosa parecida, volvemos a que el amenazado entendería la paz como que le dejasen en paz, teniendo como aspiración última la paz, o mejor decir, la normalidad de quien no padece el cumplimiento de una amenaza.

Es evidente que siempre tenemos que hacer una apuesta por utilizar todos los medios humanos posibles para evitar, o impedir, las agresiones particulares y masivas, que atenten contra la vida de alguien. Trabajar en ello es una exigencia para que las personas puedan ser tales. Esta apuesta es necesaria, indispensable, innegable y urgente, al ser una condición según la cual se facilita que alguien pueda aspirar a trabajar por una vida en paz.

Según lo dicho, quiero dejar dos consideraciones últimas, no definitivas, acerca de la paz:

1ª *La paz no espera la ausencia de actos de guerra, para ser vivida.* Como decíamos, es un imperativo buscar las condiciones para que las personas puedan ser reconocidas como libres, y ello gracias a que sus rostros siempre están presentes, de ahí, como hemos dicho, que no se pueda, ni deba matar. Ahora, también es claro que en medio de una guerra, o de atentados terroristas, o sin ellos, cada persona sigue viviendo, y aspirando a una vida feliz. En ese sentido la paz propiamente es una tendencia a vivir, al reconocer que los otros son otros, y siempre exigen de mí responsabilidad con ellos, es decir, la paz está supeditada a la tarea del bien a los otros, y en esa tarea del bien vemos indicios de nuestra vida feliz, en paz. Por eso no se tiene que esperar el fin de los actos violentos para tender a la paz.

2ª *La paz es tan universal en su aspiración como individual en su compromiso.* La vida en paz entraría en el ámbito de la experiencia del ansia, de ahí que su exigencia tiene un doble nacimiento: en los otros como venimos diciendo, y en sí mismos, al constatar nuestra ansia de felicidad. Aunque se diga que la paz es un bien deseable por todos, lo cierto es que la paz es ansiada por cada uno, de modo particular según cada experiencia de vida, y esto nos permite afirmar su validez para todas las personas. La valoración que funda una vida en paz es la respuesta a esa llamada que cada quien escucha, ve, y encuentra manifiesta en los rostros de las personas. Se trata de no ceder a la indiferencia de quien intenta negar esos rostros como si fuesen anónimos, valorando que ante ellos no se tiene exigencia, responsabilidad, ni compromiso alguno. Todo lo contrario, no puede haber alguien que viva en paz de espalda a los demás, sencillamente porque sería negar, aquello que justifica el sentido de esa vida que tiende a la paz, la presencia los rostros vivos, además de la propia acción vital.

4

La experiencia de la incomprensión

"Es que no me entiendes" es una de las expresiones más comunes cuando uno comparte su vida con otras personas, o cuando revisa sus actos de cara a ellas. Consiste en sentirse incomprendido, insuficientemente comprendido. En esta experiencia de la incomprensión aparece una distancia entre nuestra vivencia, lo que vivimos, y lo que decimos, o expresamos. Constato que no puedo reproducir con exactitud lo vivido, es decir la vida misma, a través de las palabras; pero ocurre que también en el hecho mismo, al querer dar razón de algo, sencillamente dejo manifiesta mi propia vida, así se revela el ahora de la vida, y su relación con el lenguaje. A esto lo llamarían los filósofos una inmanencia contundente y continua, sin distancia entre la vida misma y lo que ella manifiesta.

Las palabras que pronunciamos, con las que pensamos nuestras vivencias, e intentamos explicarlas, muestran parte de lo que somos; sin embargo, como indicaba en el prólogo al mencionar aquello de interpretar los silencios, todas las palabras del mundo no alcanzarían para contar una vivencia. Aunque también es cierto que el lenguaje verbal, o de otra índole, hace posible que pueda reconocerse nuestra vida. Es decir que nuestra vida y lenguaje, como realidades por las que decimos de sí mismos y de nuestras experiencias de conocimiento, son los motivos últimos que sustentan las explicaciones que damos de sí mismos y de otros.

Al decir acerca de mí, o de algo, por mi acción, intento expresarme de tal modo que lo pueda hacer comprensible a otros, incluso cuando pretendo callar acerca de ello, o al mentir a través de palabras o gestos. Precisamente así expreso que realmente estoy viviendo, siendo también verdadero aquello que digo, en tanto que es experiencia mía. Aún así, es claro que mis intenciones de ser totalmente comprendido por los otros nunca podrán quedar satisfechas, porque claramente los demás nunca son, ni pueden ser, yo mismo, aunque intenten ponerse en mi lugar.

Según esto, urge en nuestras relaciones humanas, por simple evidencia, una apertura a los demás, a su mundo, sabiendo que no los aprehendemos, ni los conocemos definitivamente, y que en su presencia personal, de vida y lenguaje ante nosotros, tenemos posibilidades de bien y responsabilidad. Esto se debe a que nos encontrarnos inmensamente limitados, reclamados y exigidos por ese otro que nunca es para mí un extraño. Por eso la experiencia de la incomprensión es una invitación a la apertura, y a la tensión por el bien de los demás. Nunca seremos comprendidos o entendidos totalmente, sin distancia entre la vida y el lenguaje, es decir, entre nuestra experiencia diaria como vivientes, y lo que expresamos de esta para nosotros mismos, y a los demás. Reconocer esa verdad, de la vida y el lenguaje, sin distancia, en la inmediatez, es una tarea diaria, consigo mismo y con los otros que afortunadamente no alcanzamos a terminar, porque, en primer lugar, está claro que no estamos en capacidad de ser jueces de alguien, al no poder conocerle de modo definitivo, y en segundo lugar porque exige de nosotros una mayor apertura, comprensión (afectiva y cognoscitiva, que en nuestro caso vienen a ser la misma) y una exigencia decidida por el bien de cada persona. Así entonces, puedo reconocer la humanidad de alguien, su rostro decíamos, pero no toda su verdad vivida, siendo esto para mí un llamado al encuentro y a la responsabilidad con la vida de los otros.

Espero que estas líneas nos den algunas pistas para pensar qué significa, según la propia experiencia de sentido, cuando decimos, o nos dice alguien: "Es que no me entiendes".

5

La experiencia de la muerte

En muchas conversaciones la muerte parece un tema tabú o asociado exclusivamente a un sentimiento de impotencia y desconcierto luego de la muerte de alguien. Para pensar *la experiencia de la muerte*, como *un motivo para la esperanza*, parto de reconocerme vivo ahora. Escribo acerca de aquello que todavía no soy, un muerto, uno que vivió, y ya no es lo que era, uno que no aparece ante otros como presencia animada, volitiva, de acción vital afectiva y trasformadora.

Hay una consideración muy estudiada, y además compartida por muchos, tomada de Martin Heidegger, según la cual el hombre es un ser para la muerte. Para decirlo sin pretender ir a las bases y presupuestos de la cuestión, esto se ofrece como una aparente evidencia, muy seductora, por la verdad que pretende contener. Todos compartimos la contundente verdad de que necesariamente moriremos. El modo como somos ahora, nuestro estar en este mundo, dejará de ser así en algún momento de nuestra vida, vamos a morir. Estamos abocados a la muerte, lanzados a ella, es un camino sin vuelta atrás, desde el indicio más ínfimo de una vida humana ya la muerte se anuncia como fin, como última palabra de ese comienzo. En ese sentido estamos para la muerte, en cualquier momento moriremos, de ahí lo que nos toca hacer es mantener la tensión de vivir del mejor o peor modo que queramos, o podamos, sabiendo que todo se acabará en ese momento de comparecencia personal ante la muerte propia; vivir de cara a la muerte.

Tampoco sabemos algo de la muerte como muerte misma, es decir, tenemos noticia de ella a través de otros, de la muerte de otros, pero yo, el que escribe, o los que ahora leen estas líneas, aún no estamos muertos. He sentido como si se desprendiese mi alma cuando ha muerto un ser querido; he sido testigo de la tristeza, de personas cercanas, por la muerte de alguien; me he sentido desolado ante una muerte a punto de quedar en el anónimato, por indiferencia afectiva; me he contrariado ante un muerto tirado en el asfalto, por asesinato; me da mucho que pensar una muerte como la de Sócrates, o la del Cristo. Pero tener experiencia de mi muerte, saber absolutamente qué es la muerte, no, ni la tengo, ni sé de ella en carne propia.

Parece que ante este horizonte esté justificada la tensión de vida, en clave de angustia, según el sentido Heideggeriano, afirmando nuestro carácter temporal ante la muerte como término de nuestra vida. Sin embargo, paradójicamente, los motivos que venimos dando, para creerlo así, son signos que precisamente señalan lo contrario, es decir, que no tenemos la verdad sobre la muerte, o digámoslo un poco más radicalmente, no tenemos las llaves de la vida y de la muerte, si existen tales, de ahí que vivir pensando en la muerte como fin u oposición a la vida, no está, ni mucho menos, justificado.

Aquí vamos con la otra cara de la moneda donde aparece un horizonte de confianza y esperanza respecto a la muerte según la dinámica de la vida. En primer lugar llamamos muerte como fin absoluto a algo de lo que no hemos tenido experiencia personal, es decir, quienes murieron estoy seguro que no se representan la muerte como nosotros lo hacemos, porque en caso de que lo pudiesen hacer, o lo hiciesen con las mismas codiciones de nuestras facultades presentes, estarían vivos de igual modo que nosotros. Así que esta certeza sobre los muertos no parte de que yo esté muerto sino de reconocer que los muertos no son ahora del modo en que yo soy, no están vivos del modo mío, y tampoco son algo parecido a mi vida biológica.

Ante este panorama hay quien dice que respecto a la muerte, al después de la muerte es mejor no decir nada, quedarse callado, no hablar. Si fuese así, no hablaríamos de más de la mitad de la cosas en nuestra vida, o callaríamos, porque realmente parece que sabemos muy poco, incluso de nosotros mismos. Pero nos atrevemos a hablar de la muerte, y no a callar, porque todos los que vivimos contamos con la suficiente experiencia de vida para resistirnos a entender una supuesta lógica de la vida en clave de muerte, como recorte absoluto de nuestras posibilidades.

Si fuera algo tan natural concebir la muerte humana sólo con la lógica de la biología no tendríamos la mas mínima experiencia afectiva ante la muerte de un amigo, de un padre, de una madre, de un hijo, incluso de un desconocido; lo recibiríamos como algo esperado y conocido. Pero precisamente esto no es así para las personas, la muerte de otros siempre nos recuerda las preguntas más importantes en la vida, de sentido. Pero el motivo de este preguntarnos no es la muerte misma, porque no estamos muertos, sino más bien la rápida revisión de vida que hacemos del que murió, tratando de ver cómo vivió ese otro, qué significó para nosotros, para los demás, haciéndonos de esa manera volver a sí mismos para preguntarnos cómo estamos viviendo. Así la pregunta por la vida, en un acontecimiento, como la muerte de otro, se muestra ligada a la pregunta ética de cómo vivo, es decir, sobre mi bien y mi mal. La experiencia de la muerte de otros es en realidad una experiencia de vida.

A esta altura tenemos certeza de las acciones propias, para pensarlas en clave de buenas o malas, pero de la muerte como experiencia no sabemos su bien o su mal porque aún no morimos. Ahora ¿cómo podemos decir algo acerca de la muerte? Me atrevo a considerar que toda posibilidad para ver algo sobre la muerte pasa por mi vida. En nuestra vida todos sabemos algo de sí, por ejemplo que podemos sentirnos en el mundo como alguien vivo, o incluso, anterior a ello, reconocernos a sí mismos como individuos que intentan vivir con sentido. Es decir, en realidad la pregunta por la muerte pasa por el sentido que tiene mi vida, incluso cuando afirmo para mí el absurdo de todo señalo en ello algún sentido. También se revela ese sentido de vida, en mis relaciones con los otros, que nunca estarán en condiciones de ser reducidos a mi experiencia de vida; porque aunque son otros como yo, son más que yo, nunca puedo decir tanto de los otros, como podrían hacerlo ellos de sí mismos.

De ahí que la muerte y la vida están, además de lo dicho, en el horizonte de sentido de cada uno. No se trata sólo saber por qué tiene sentido mi vida, sino más aún, por qué estaría dispuesto a morir, qué sentido tiene mi muerte. La cuestión se torna más difícil ahora. La valoración de la muerte de otros, no la hacemos según quien no está con nosotros, sino según quedó en nosotros, luego de su muerte, según reconocemos algo de ese otro. Ahora está muerto y parece que empieza a vivir, de otro modo, en nosotros. La persona que murió no quedó en nosotros como un muerto, sino como alguien que selló con su muerte nuestros afectos de un modo vivo. Cuando muere alguien dice últimas palabras para nosotros, aunque sea sólo con su presencia; esto lo vemos mejor al considerar de golpe toda su vida, auque en realidad lo que conociésemos de él fuese muy poco.

A partir de lo anterior, en mi condición de viviente, de estar vivo, sólo me quedan dos apuestas claras por hacer. Por la primera confirmo que los demás tienen una vida propia y que con ellos puedo compartir las posibilidades de sentido; pues como no tengo experiencia de la muerte en primera persona pero si tengo experiencia afectiva de los otros conmigo, la tarea del bien por los otros se me impone en su mera presencia. Aunque cierre los ojos, o quiera ser indiferente a esa presencia que nos trae ese mandato claro, explicado antes: *¡No matarás!* Al otro no lo puedo matar, no puede morir por mi acción decidida de negarle, al hacerlo negaría su presencia vital, y la mía. Nunca se puede ser dueño de la vida de otro; ese ámbito es el que tiene cada uno, para ser tal individuo, a esto le llamamos libertad.

La segunda apuesta, que tenemos aquí delante es: si vivo ahora, mi tarea no es si voy a morir ahora o no, sino por qué estaría dispuesto a morir. Incluso hasta el punto de preguntarnos ¿Por la vida de quien o quienes estaría dispuesto a morir? Porque la tesis contraria, llevada hasta sus últimas consecuencias, diría: si vivo en función de mi muerte, eso sería un sin vivir, o cabría dejar que los males y las injusticias actúen sobre cada quien esperando que llegue el momento histórico de morir.

Aunque mi pretensión aquí, no es hacer valoraciones éticas, es inevitable afirmar que a la muerte propia, se debe anteponer el máximo bien de los otros, o de lo contrario se vive, o no se muere, a costa de las injusticias cometidas con otros. Se trata de afirmar mi vida, y la de otros, con mi acción que no mata, sino que da la propia vida, y en ello encuentra su máximo sentido al ver que mi muerte no es lo más importante, sino que importa más cómo estoy viviendo. Así entendemos por qué la vida de los otros, cuando mueren, queda en mí, con la esperanza de perpetuarme con ellos de otro modo, más allá de la muerte, y no, obviamente, desde el ámbito biológico.

Finalmente, aquí van las últimas valoraciones éticas, pienso que es equívoco justificar un horizonte de vida en la desesperanza por los males de ahora, con la esperanza en que la muerte nos traerá el bien que no hicimos, siendo esta el remedio a todos los males. También es equívoco pensar que hago el bien, o el mal, en función de la muerte, esperando la recompensa que traerá el ser buenos o malos luego de morir; es como quien opta por procurarse sufrimiento, incluso en aquello que naturalmente no le trae sufrimiento, para sentir alegría cuando termina el sufrimento; así hay quienes afirman que la alegría y el bien sólo viene con la muerte. Es una aproximación de premio y castigo para sí, y para otros.

Según la dinámica de nuestra vida humana tenemos ante nosotros, en el presente de cada uno, un horizonte de bien posible como apuesta de vida feliz, al reconocer la presencia clamorosa de los otros, de quienes siempre soy responsable. En cuanto a la experiencia de la muerte, estoy seguro que cada uno de nosotros tendrá la suya, también que si tenemos en vida la esperanza de perpetuarnos en la tarea del bien, o del no mal, a los otros, no hay motivo para pensar que ese bien no pueda seguir siendo de otro modo con nuestra muerte, y luego de ella. Por eso como vivientes, o moribundos, tenemos en la muerte un motivo para la esperanza.

6

La experiencia de vivir en un nuevo país

Cuando alguien se va a vivir en un nuevo país decide una vida parcialmente nueva. Lo normal es que se tienda a considerar ese país como *mi nuevo país para vivir*, porque si no se piensa de este modo nunca alguien podría partir, por deseo propio, a una tierra que no sea la suya. De ahí la diferencia en la percepción de un país, o una ciudad, entre quienes han estado en ella de paso, y quienes han vivido más definitivamente allí. No se siente igual un país, por ejemplo, cuando se está como turista, que cuando se reside permanentemente en él.

En ese marco, intentemos unos pensamientos acerca del llamado "shock cultural" que en realidad se trata de una experiencia de *mi vida en este nuevo país*, en el que he decidido vivir. Este nuevo país no es el propio, en el que he vivido siempre, y al que estoy acostumbrado. No me detendré en las motivaciones que cada quien pueda tener para emprender una aventura de este calado, tampoco revisaré las situaciones favorables, o no, de quien llega a un nuevo país, pues sería para un trabajo más detallado, y aquí nos quedaríamos particularmente cortos.

Al abordar los fenómenos migratorios en ámbitos internacionales parece que se presentan como algo nuevo en la historia de la humanidad, pero sabemos bien que es algo tan antiguo como la humanidad misma. Seguramente, entre muchas razones más, se abordan las migraciones de ese modo debido a lo notorio que pueden ser estas a la mirada de los pueblos, de la gente, según la posibilidad informativa que tenemos para enterarnos de lo que pasa en cualquier país. Además saltan a la vista las implicaciones de los flujos migratorios en la vida de un país, en las relaciones económicas, políticas, y en la opinión pública, aunque muchas veces se identifique dicha opinión con las estadísticas.

En este mismo plano, de los desplazamientos migratorios, cuando se pretende ir a lo cotidiano, a lo particular, la cosa aparece más compleja de lo que podemos pensar en un primer momento. Esto lo he constatado con muchas personas en distintos países, y de distintos países, en diferentes situaciones económicas, legales, y de oportunidades laborales, sociales o de vida cotidiana. Al vivir en un país que culturalmente y familiarmente no es el propio se establecen relaciones mediadas por los propios imaginarios, es decir, las representaciones propias e incorporadas durante años por mi modo de vida anterior, y que las puedo reconocer como imágenes fijadas en mí. Es algo así como el morral que traigo conmigo cuando llego a vivir por algunos años, o tal vez el resto de la vida, en un país distinto al de origen. En ese morral traigo lo que considero más conveniente para adaptarme del mejor modo posible al nuevo país, sin que con ello yo deje de ser aquello que creo ser.

Mencionemos tres puntos para pensar eso que muchos ven como un lastre, el propio choque cultural, o mejor diría, el tiempo propio de adaptación que exige un nuevo país cuando decido vivir en él, ya sea en situación legal o "ilegal". El primer punto *es el conocimiento del idioma del país al que se llega*. Aunque esto se escucha por todos lados, no son tantos los que se lo acaban de creer, en mi caso se trata del japonés. El valor del idioma nativo se puede reconocer, con certeza, una vez se domina el idioma del nuevo país, y se establecen relaciones con las personas e instituciones, dentro de la normalidad hablada y escrita.

Pienso que por el idioma de un pueblo se expresa mucho de la vida de las gentes, sus sentimientos, experiencias, y trasformaciones sociales. La vida y el lenguaje, están radicalmente ligados. Como decíamos, una persona comunica parte de lo que vive por las palabras, en ellas trata de fijar también su pensamiento, y esto necesariamente se da en un idioma, en una lengua propia, que es tan suya como su vida misma, aunque luego pueda aprender, como propias, otras tantas lenguas.

Como segundo punto en este proceso de adaptación, no de negación, y según aquello que se es, necesitamos *un espíritu suficientemente flexible y abierto* que no pretenda encasillar este nuevo país de un porrazo, según nuestro modo particular de hacer las cosas y las respectivas valoraciones del mundo que creemos absolutamente mejores, según aquello que culturalmente pensamos conocer mejor, el mundo de *la tierra en que me crié*.

Se necesita esa disposición de espíritu, abierta y flexible, porque se sigue en muchos casos que nuestro tiempo afectivo se nos puede ir en añorar las comidas, algunas constumbres, o algunos vínculos personales fuertes que tendemos a idealizar, especialmente cuando se está en otro país. Aunque en la era de los medios de comunicación utilizamos herramientas para acercar nuestros afectos y constumbres con nuestros países de origen, es comprensible escuchar: *"es que esto no es como en mi tierra"*. Obviamente, nunca algo en otro país será radicalmente lo mismo que en el de origen. Incluso dentro de un mismo país abundan las diferencias en asuntos que aparentemente tienen convergencia.

Es cierto, nada en un nuevo país puede ser exactamente lo mismo como en el país del que se viene, ya de entrada vivimos en un nuevo espacio físico y en un nuevo entorno. Por eso quiero mencionar un tercer punto a tener presente: *el carácter de la apertura crítica y paciente* que se debe tener al llegar a un nuevo país. Los juicios ligeros y definitivos sobre este nuevo mundo vivido tal vez puedan alejarnos de lo que realmente pretendemos en dicho país, estos llegan a ser en muchos casos un impedimento para aportar las valoraciones propias que, a su vez, darían cabida a mi cultura, mis costumbres, mis imaginarios y tradiciones. Cabe recordar, en este punto, las motivaciones reales y hondas que me mueven a vivir en un nuevo país porque si no están bien fundadas, o no se tienen claras, seguramente serán, para muchos, más un motivo de desasosiego, o de un sin vivir que de adaptación y nueva vida.

Para mostrar un poco más lo mencionado, sobre vivir en un nuevo país, compatiré algunas experiencias personales que he escuchado al respecto. Cierto día hablé con una profesora española que vive aquí en Japón, y compartimos acerca de nuestra particular experiencia de "choque cultural". Le decía que creía haber pasado los meses del choque cultural, si es que había tal, porque me sentía en sintonía con determinados gestos y constumbres japonesas, y ella me dijo: "Yo llevo veinte años y creo que aún siento el choque". Algo parecido he escuchado a personas que incluso emigran a países en los que tienen la misma lengua nativa, y en su momento me han dicho: "¡Yo no puedo con este país!" De igual modo he escuchado lo contrario de otros que dicen, en cuestión de meses, conocer todo de un país y nadar en él como peces en el agua, con juicios relativamente muy hechos al respecto. Pienso que no es ni tanto ni tan poco lo que exige la adaptación a un nuevo país. Es decir, ni tan inaccesible es un pueblo ni tan evidente para conocerlo en cuestión de días o meses, aunque tenga aparentemente las mismas tradiciones culturales que las de mi tierra.

Creo que son muchas las circunstacias y los entornos que influyen en la experiencia de todo el que emigra, pero sin lugar a dudas, *el conocimiento del idioma del país al que se llega*, o los matices propios de él, si ya se tiene como propio; *un espíritu suficientemente flexible y abierto*; y la necesidad *de una apertura crítica y paciente* para comprender las constumbres y modos de vida de un pueblo, allanan no poco el camino para la aventura de mi vida en un nuevo país.

Señalo como nota final que aquí me he referido a las culturas y pueblos con el término de país, aunque como bien sabemos es una convención relativamente moderna que se queda muy corta en varios casos, tal vez vendrían mejor sentidos como los de pueblo, tierra, o terruño, como dicen algunos.

7

La experiencia del ocio

Al tener un tiempo libre uno se pregunta qué quiere hacer o cómo aprovechar ese tiempo. Así a veces nace en nosotros una respuesta que dice: *no quiero hacer nada.* Creo realmente que hay momentos para no hacer nada. Aunque esto parezca una contradicción, pues el silogismo diría que ese no querer hacer nada es ya no sólo querer hacer algo sino querer hacer de todo menos nada. Quizá sea más propio decir: quiero hacer nada, pero popularmente decimos no quiero hacer nada, y con ese uso cotidiano nos quedamos para estas líneas. Aquí nos importa más la experiencia que se tiene de ello, porque quien afirma no querer hacer nada reclama para sí mismo un espacio propio, suyo, que es el de siempre, es permanente en cada uno, pero que tal vez está desatendido. Esa desatención se percibe muchas veces como desánimo, de ahí que a veces asociemos ese no querer hacer nada con el desánimo.

En esta experiencia de ocio no se tiene la pereza de quien deja de hacer sus deberes. Más bien se trata de aquel que teniendo la posibilidad de hacer muchas cosas en determinado momento prefiere no hacer nada. También no hacer nada corporal y materialmente signica hacer algo: estar sentado, dormido, comiendo, escuchando música, o viendo llover. Sin embargo, para aclarar estos sentidos, hago una sencilla distinción con la palabra *hacer* que nos resulta útil para aquello que pretendemos decir.

Hay dos significados, en español, de la palabra *hacer* que utilizamos indistintamente. Por ejemplo decimos *hacer*, tanto para "hacer una casa", como para "hacer el bien". En el primer caso se refiere a una acción material transformadora, según la cual se contribuye en la construcción de una casa; en el segundo caso el bien no lo hago, no lo tomo materialmente hasta lograr tenerlo como bien. Tal vez puedo diseñar una casa con determinada arquitectura que considero especialmente favorable para los futuros habitantes, y con ello hacer una buena acción, e intentar ser bueno, pero nunca podré decir que en mí se despliegan del mismo modo las facultades para hacer una casa que para hacer el bien. Aunque quiera hacer una casa habitable si no conozco la técnica no haría una casa en condiciones; y viceversa, aunque sepa mucho de hacer casas, eso no puede explicar que yo sea bueno o malo en mis relaciones con los demás, o que tenga el ánimo para hacer una casa pensando en el bien de sus futuros habitantes. Esta distinción se tiene en griego, desde la filosofía antigua, al usar en el primer sentido la palabra *poiésis*, y en el segundo *praxis*.

Esa delimitación con la palabra hacer nos permite comprender a qué nos referimos cuando digo que no quiero hacer nada. Al hacer nada opto naturalmente por dejar que el tiempo del reloj, de la física, con el que mido las cosas, pase de largo, y centro la atención en reconocerme en mi tiempo interno, como si asistiese al paso del tiempo en primera persona, en mi vida. De esa conciencia del tiempo propio damos fe cuando decimos por ejemplo "este viaje, de quince minutos, se me hizo eterno", o "esta conversación se me fue, pasó, en un abrir y cerrar de ojos".

Este tiempo al que llamamos interno es al parecer incluso más cierto y propio que el tiempo de la física. Es decir, con relación a nuestro no hacer nada es como si detuviése el tiempo del reloj y viese como mi vida pasa, con su propio tiempo, con mi conciencia de estar viviendo. Quizá en ese instante estoy en acción poiética, haciendo algo, o según mi expresión corporal, puedo ir sentado en el tren de regreso a casa, luego del trabajo, pero a su vez estoy en mí, sintiendo mi cansancio o en expectativa de compartir los sucesos del día con mi esposa.

En todo caso, ese tiempo en el que no hago nada porque voy en el tren puede ser un momento de sentir que no hago nada y se deja pasar para sí en la dinámica de mi conciencia interna del tiempo. Sin embargo hay un tiempo, en la experiencia del ocio, que es el de quien pudiendo hacer materialmente muchas cosas decide tomárselo sólamente para no hacer nada, para estar consigo, reconociendo en sí mismo y en el tiempo propio, y habitual, los sentimientos, los pensamientos, el origen de las acciones de su vida.

Así, el no hacer nada es un momento de ocio que nace de sí. Sería un espacio para el *ocio* y no para *negocio*, dirían los antiguos. Lo expuesto no es narcisismo, es decir, un mirarse reiterado a sí teniéndose como destino de sentido, ajeno a todo aquello que no sea el yo mismo. Consiste, mejor, en un espacio de sí mismo, anhelado, que se nos presenta ocasionalmente en las situaciones del día a día y otras veces es propiciado en el momento que decidimos no hacer nada.

II. MIS EXPERIENCIAS

8

Dos experiencias en Tokio

1. De hanami por Yasukuni

Durante los primeros días de primavera en Tokio, es muy común aprovechar algún momento libre para ir de *hanami*, es decir algo así como salir a ver flores y en esas aprovechar para comer y beber debajo de un *sakura*, o árbol de cerezos.

Es la primera vez que veo a tantos japoneses sentados debajo de un árbol comiendo y bebiendo, me recordó en un primer momento algunos parques de Bogotá y Medellín, en Colombia, donde uno se sienta en el pasto a comer y a beber algo con sus amigos, en un plan muy informal y lúdico. También me recordó los botellones, aún polémicos e ilegales, tan comunes en Madrid y Barcelona, en España, donde a fuerza de no pagar las entradas a bares muchos jóvenes se sientan a beber en plazas y parques con *botellas* de cerveza, whisky, o lo que se tenga a la mano (de ahí el nombre de botellón).

En Tokio visité un templo que se llama Yasukuni, donde florecen por primavera estos sakura, tan comunes durante algunos días de primavera en el paisaje de Tokio. Al otro lado del templo, cruzando la avenida, hay un pequeño canal que hace las veces pequeño lago artificial, llamado *chidori ga fuchi*, donde se puede alquilar una barquita para tres personas, y pasear bajo los sakura. De ese templo se escuchan muchas noticias, por sus connotaciones políticas, cada que se quiere rememorar algo que toque el pasado bélico de esta parte del mundo. Pero más allá de esto, en mi paseo nocturno por el templo Yasukuni, me entusiasmó mucho ver cómo se estaba en medio de la naturaleza participando de una fiesta popular, con un ánimo tan informal, como se puede tener en cualquier feria de iberoamérica, sólo que ahora en una noche de primavera, en pleno centro de Tokio.

Ver celebraciones de esta índole en Medellín, con nuestra feria de las flores, la gente paseando a la orilla del río, en medio de fritangas y cerveza, es muy común; son muy particulares las fiestas de Pasto, Colombia, con su carnaval de blancos y negros, donde la gente se pinta de negro o de blanco, según la celebración le inspire. También recuerdo ver a peruanos, en Lima, con sus músicas tradicionales, comiendo anticuchos, en medio de una pollada celebrando lo que tuviesen que celebrar. En España, por ejemplo, se es testigo, durante las fiestas de Valencia, del arte de las fallas, y luego de la algarabía en su quema; o en Pamplona, de la tension vivida, incluso a disgusto de varios de sus habitantes, cuando los toros se sueltan para que persigan gente; o en Buñol, del atrevimiento de quienes el último miércoles de agosto se tiran tomates en la tomatina. Son muchas las celebraciones que podría mencionar, sólo para ejemplificar la variedad y creatividad de nuestras fiestas en iberoamérica, que resultan excesivas para muchos.

Sin embargo ver algo relativamente parecido en una ciudad como Tokio es realmente llamativo. En Yasukuni vi a la gente con corbata, o formalmente vestida, luego de su trabajo, sentada en *goza* (un tipo estera que se pone sobre el pasto). No sólo salta a la vista la informalidad al estar todos sentados, apretujados, con su espacio asegurado debajo de un árbol de cerezo, sino la cantidad y variedad de quioscos ofreciendo comida.

Gastronómicamente pienso que Japón lo tiene casi todo, porque aquello que no sea propio, se adapta, o se ofrece en cuanto restaurante extranjero se puede encontrar aquí. En estas celebraciones, de la primavera, la comida y el licor, o *sake*, son el centro. De igual modo las risas fuertes y los aspavientos contrastan luego con el silencio sepulcral cuando se regresa a casa en trenes repletos de gente. Así en medio de gente hablando, bebiendo, comiendo, ante tantos colores, olores y sabores de comidas, así como viendo los tradicionales juegos de azar, donde de antemano se sabe que la inversion está pérdida, se disfruta de un paseo para ver flores, arropado por los sakura florecidos, en alguna de las tardes, o noches, primaverales en Tokio. Eso sí, como es, y debe ser todo en Japón: hay tiempo para trabajar, tiempo para celebrar, tiempo para comer, emborracharse, y tiempo para regresar a casa, y dejar todo en su lugar inicial, en orden, mientras se escucha una amable música infantil de despedida.

Todo esto para decir que en Japón no todo es como parece, o como nos parece, pero estoy seguro que es algo propio, porque es una de nuestras experiencias de Japón.

2. Entre la música y la poesía

Un día asistí a un teatro en Hoku Topia, en Tokio. Allí presentó un concierto de arpa el señor Ismael Ledesma, un paraguayo que vive en Francia, y del que nada sabía. Nunca había estado en un concierto de arpa, sólo de arpa.

En algún momento del concierto me planteé, una vez más, si cabe hablar de purismo poético, es decir, de poesías que digan lo realmente propio de una experiencia vivida con un lenguaje propio, comprensible, y casi, tan infinitamente rico, como la experiencia misma que tenga alguien que viva en el campo, al estar en medio de la congestión urbana, cuando se da un beso, al caminar entre flores, incluso con alergia al polen, o al tomar la mano de alguien. Tendemos a expresar nuestra experiencia, que no sólo es intelección o sensibilidad -sino, seguramente, las dos indiferenciadas, y mucho más-, según nuestras facultades, ya sea porque escribamos, actuemos, bailemos, juguemos, cantemos, escuchemos música, o la interpretemos como en el caso de este señor y su arpa. Al escuchar la interpretación del arpa pensaba: ¿Este modo musical de interpretación limpia y casi solitaria entre el intérprete y su instrumento, aquí, en este instante, puede ser llamado poesía? Seguidamente, y como si fuera lo más obvio de lo obvio, pensaba que sí, y aún lo creo.

Me atrevo a decir aquello que confirmé al escuchar a este hombre que parecía estar acariciando su arpa: la distancia entre la verdad vivida y la experiencia interpretada en melodías propias, con suficiencia técnica, tienen mayor capacidad de expresión propia, que cualquier palabra escrita, sin ser, esta última, menos en su tarea de acercar la distancia señalada. Así, en el instante que vemos y escuchamos una interpretación musical de esta índole, contamos con una comunicación directa casi primera a través de esa interpretación viva, que hace parte de la vida de Ledesma, por ejemplo. En ese ahora común, entre el intérprete y sus testigos, se trae al presente parte de aquello que se vive, actualizando lo que parecía perdido en el olvido. Ledesma se trae a sí mismo, sin repetirse en su experiencia, al poner sus manos en el arpa.

En ese sentido, siguiendo con nuestro ejemplo, si le vemos interpretar obras propias: una melodía acerca de su hija, o del miedo que sintió al encontrar intempestivamente un yacaré (como se les llama a algunos tipos de cocodrilos en Paraguay), o al recordar las flores de Asunción, no sólo nos podemos representar imágenes de cada cosa y situación vivida por él; sino que, más aún, vivimos por un momento su mundo, el mundo de ese otro como propio, y que sin pretenderlo queda en el instante incorporado en mis experiencias. De esa manera al escuchar y ver la interpretación de su obra *Flores de Asunción* vienen a mi presente las experiencias que tuve al recrearme con las orquídeas de Medellín en agosto del año pasado, con los sakura de Tokio en esta primavera, o con las rosas que fotografié hace una semana en el jardín botánico, cerca de casa.

Curiosamente el concierto que vengo referenciando se llamó, con acierto, *El Mundo de Ismael Ledesma*. Pienso que ese mundo interpretado en arpa dice de su vida, tiene realidad poética, y lenguaje expresivo, lenguaje musical. Se acorta la distancia entre lo vivido y lo comunicado, haciendo de la música compuesta, e interpretada por él, expresión inmediata de su vida. Tenemos la posibilidad, al ver y escuchar al músico, de conocerlo mejor, acercarnos de primera mano a su experiencia pasada hecha presente, a eso que vivió y vive, a su mundo. Además, de ese modo los asistentes somos llevados a un reconocimiento de cada mundo propio. Por todo esto, pienso que no hay nada de iluso, todo lo contrario, en considerar como poesía ciertas expresiones musicales, sin excluir otras tantas. Ciertamente este modo de interpretación del arpa, como algunas de piano, violín, guitarra, o chelo, por mencionar algunas, se acercan mucho a un ejercicio más puro de la poesía, sin tener que ser, ni mucho menos, expertos en música, para afirmarlo y reconocerlo.

9

¡Cómo no decir algo!

Una mañana en Madrid, antes de salir de casa, encendí la televisión y me encontré viendo las imágenes de unos trenes destrozados, a la espera de comunicados oficiales, para intentar comprender dicha atrocidad. Ese día de marzo del año 2004 quedó en la memoria colectiva mundial como el 11 M. Las siguientes palabras nacieron en ese instante, porque esa experiencia me exigía decir algo ¡Cómo no decir algo!

Ya curtido por la ira,
acorazado ante las infamias,
acostumbrado a los por qué,
acrisolado en los no sé.

Sencillamente...
Ocurre una vez más.
Desconcierto,
desconsuelo,
indignación,
llanto,
duelo.

Hoy,
Madrid.
Ayer,
Bogotá.
Anteayer,
Medellín.

Hoy,

maletines.
Ayer,
una granada.
Anteayer,
un carrobomba.

En todo...
Manos ensangrentadas,
corazones desgarrados,
lágrimas resecas,
sueños violados,
carne esparcida,
llamadas sin respuesta,
la vida se acaba,
la vida dolida despierta.

10

La Canción de Eco

Esta es la letra de una canción que escuché cantar a un mendigo agradecido luego de haberle dado una mezquina limosna:

"He visto el olvido en la noche del absurdo,
escuché el grito mudo de los moribundos
que no vieron su agonía,
me consumió la vigilia
al contemplar la indiferencia de los vivos,
los ríos de justicia hipócrita secaron mi garganta.

Las quejas de los sabios ofuscan mi cabeza,
el hedor de la calumnia llena mis pulmones,
el llanto de los inocentes rasga mis entrañas,
la amargura por la mentira entorpece mis pasos.

Me dicen: limpio, recto, claro,
pero encuentro todo sucio, torcido, oscuro.
Ante mí sólo hay apariencia,
no verdad.

Los perros ya no ladran,
los pájaros no hacen nidos,
la miel sabe a ceniza,
el agua está envenenada".

Después de cantar, el mendigo calló, tomo un aire y me dijo: "Te he visto nacer, y recuerdo tu muerte; me llaman profeta aunque soy Eco ¡La pesadez que canto no me aplasta! Los hombres viven como muchedumbre en el olvido pero cada uno es esperanza, de otro modo no agradecería tu limosna cantando".

Finalmente me despedí de él, o él de mí, no lo recuerdo. Tampoco recuerdo si realmente cantó, o sólo me miró, o incluso si fue indiferente a la limosna y a mi mirada. Sólo estoy cierto en el recuerdo de esta canción que sobrevivió a todos mis olvidos. Me encontré de nuevo caminando por la acera, cerré mis oídos al bullicio de la Avenida Princesa, en Madrid, para pensar en las palabras de ese mendigo, profeta, o de Eco, como prefería hacerse llamar.

11

Una sobrina en el olvido

Hay experiencias que se clavan en nuestra carne, son verdades propias que nos llaman a vivir en vigilia. Una de esas verdades la escuché de una mujer que, según me dijo, se sintió sobrepasada en su posibilidad de acción cuando encontró a su sobrina, por muchos años olvidada, en una acera cualquiera de un pueblo antioqueño, en Colombia, cargando a una bebé y pidiendo limosna.

Para ella no se trató de una mujer más, una de tantas en el mundo, ya sea por las calles de Latinoamérica, de Camboya, o del metro de Madrid pidiendo limosna. Ella reconoció en esa persona a su sobrina, alguien verdaderamente suya en el vínculo familiar pero a quien por motivos que no cabe detallar aquí ha dejado en el olvido, casi en el anonimato. Así, les transcribo parte de las verdades que escuchó esa mujer en una de sus vigilias, al recordar a su sobrina en el olvido varios años después:

"La miseria no oculta tu estatura,
quiero agradecer a través de tu sonrisa,
compartir a través de tu sencillez,
fortalecer mis brazos cargando tu niña.

No tengo ojos para mirarte,
sólo por el recuerdo estás presente,
la indiferencia quiso sanar mi dolor,
mis buenos deseos no llevaron la dádiva.

¿Puedo soportar tu indigencia con dignidad?
¿puedo ser feliz de espaldas a tu escasez?
Veo tu mirada confundida por mi olvido,
tu cuerpo endurecido por el asfalto,

y mi espíritu constreñido por la contrariedad.

Estás aquí de nuevo:
tu sonrisa amable proclama mi indiferencia,
tu modestia rasga mi vestido,
tu pobreza humilla mi orgullo.
tu sobriedad acalla mi verborrea.

Eres Lucero,
pero te ignoré más que a la oscuridad.
No brota el llanto, pero quiero llorar,
sólo sonrío con amargura,
tu destierro me hace insomne,
y tus pérdidas son ahora mis ausencias".

Esto fue lo que escuché de esa mujer al contarme sus vigilias. Hasta hoy recuerdo sus palabras, y quedaron tan grabadas en mí, como su experiencia de indigencia propia al dejar sin amparo a su sobrina.

12

Ante el secuestro de los otros

1. El susurro que escuchamos

Hace varios años, en Medellín, debido al trabajo en el que me desempeñaba, asistí a los estragos del mal en la vida de una joven, que vivió en mucha soledad el tiempo del secuestro de su padre. Realmente nunca pude olvidar el momento en que la escuché, y pude reconocer un indicio de los abismos que se abren, en la vida de una persona, cuando atentan contra las raíces mismas de los afectos. En el contexto de este dolor, y de esa experiencia, se descubrió lo limitado de mi acción en cualquier tarea por el bien. En los silencios de la conversación, en medio sollozos, escuchamos el susurro de estas palabras:

> "El dolor de la tragedia humana
> a causa de los justísimos asesinos del pueblo,
> en el daño que hacen a la propia existencia,
> agobia la impotente alma.
>
> ¿Qué se han creído para atarnos las manos que abrazan?
> ¿qué se han creído para callar los corazones amantes?
> ¿qué se han creído para matar las nobles aspiraciones?
> ¿qué se han creído, los hijos bastardos del odio,
> al querer enseñarnos a odiar?
>
> ¿Por qué se ensañan en herir
> lo poco de humanidad que parece quedarnos?
> ¿quién les ha dado el derecho?
> ¿acaso nosotros con nuestra indiferencia?
> ¿acaso ellos con las armas se han dado dicha potestad?

¿por qué se han empeñado en personificar el mal?

¡Malditos cobardes, malditos seamos cuando no hemos convertido el coraje en arrojo amoroso, valeroso y trasformador!

Ante el dolor hoy cabe llorar,
con el espíritu quebrantado buscar el hombro amigo,
el propio cuerpo se quedó corto para soportar el sufrimiento;
las lágrimas clavan espinas en el corazón de quien generosa,
o intempestivamente, acoge.

No sabemos si en el mucho sufrir nos ahogamos,
amamos, cicatrizamos, o nos hacemos olvidadizos,
en medio de todas estas posibilidades habita una certeza:
el dolor se hizo aguijón, y quedó hincando en el espíritu para
toda nuestra vida"

2. Manifestaciones contra el secuestro

Quiero compartir dos pequeñas manifestaciones propias contra el secuestro, la primera es una carta de hace algunos años, y la segunda son unas líneas que dirijo a los secuestradores, en el marco de esta publicación. Con ambas quiero expresar mi dolor y solidaridad por todas las víctimas del secuestro en Colombia y el mundo.

La carta la escribí hace algunos años a modo de manifestación personal como duelo y rechazo ante el flagelo del secuestro en mi país de origen, Colombia. Apareció citada en un periódico colombiano como una carta enviada desde Europa, entre muchas recibidas, para acompañar a los secuestrados colombianos durante una navidad. Tiene vigencia en mi experiencia de rechazo ante este terrible mal. También creo que se puede señalar como una ínfima manifestación ante el secuestro, respecto las múltiples y significativas manifestaciónes de tantos colombianos que rechazamos este acto. Esta es la carta:

Lo que pasa en mi país, no es justo. Eso digo, luego de vivir tres años fuera, al decidir estudiar en el extranjero, respirar nuevos aires y estando en permanente vínculo con mi tierra a través de amigos, familiares y medios informativos.

Nunca han secuestrado a nadie de mi familia, pero el dolor desgarrador de personas heridas por el secuestro lo he respirado en el aire del día a día, pero lo particular es que se trata de un dolor que llevo pegado a mi carne, porque aunque quiera evadirme de él, me es imposible.

Lo penoso es que aparentemente no tengo motivos para llorar, pero es como si los tuviese todos contenidos. Muchas veces he pensado en los secuestradores como bastardos, en algunos secuestrados como ilusos, en algunas familias como tercas y en otros como ilusos valientes que tienen esperanza sin por qué tenerla. Yo mismo soy un mar de contradicciones en mis opiniones, sin embargo de todo alguna verdad saco y no porque crea tenerla sino porque ella inevitablemente me tiene a mí, y dice: *lo que pasa en mi país no es justo.*

Ahora, en el año que publico *Experiencias de Vida*, dos días después de la manifestación masiva del 5 de julio de 2007, en que millones de colombianos en todo el mundo rechazamos personal y masivamente el secuestro, le digo a los secuestradores de todas las banderas o sin ellas:

Tienen que respetar la vida de toda persona, nadie tiene derecho a secuestrar o a matar como ya se ha hecho en tantas ocasiones ¡Miren los rostros de cada persona en su poder! ¡Liberen a los secuestrados! Su primera obligación, ahora, es no extender más este mal al tenerlos secuestrados. Lo mínimo que tienen y les queda por hacer, como secuestradores, es devolver a las personas a sus familiares, ellos también son víctimas de tan abominable acto, descaradamente justificado por ustedes.

13

Una experiencia de silencio

Esta es una experiencia de silencio en alguna noche de insomnio, así la escuché y aquí la comparto:

El silencio inunda el espacio,
el reloj apremia con su tictac,
y así como va pasando el tiempo,
éste muere en nosotros.

Las cosas en lo callado hablan
de quiénes somos,
de qué buscamos,
de aquello que tememos,
de nuestras esperanzas,
de nuestra ignorancia.

Si el vivir no tiene un sentido
¿Cómo dormir tranquilo?
¿acaso para repetir la historia,
para alimentar la rutina,
y con ella la indiferencia?

En el silencio lo apacible
parece pedir remanso,
tranquilidad,
calma para el sueño;
asaltando las ausencias
con mayor furor,
gritándonos,

increpando a los noctámbulos
a no olvidarse de sí mismos.

Aún escuchamos
los clamores entrañables,
cuando no los escuchemos
nos habremos resignado a vivir,
entonces moriremos.

Esa noche terminó cuando me alcanzó el alba, finalmente dormí, aunque la llama de la inquietud insomne nunca se apagó.

Una sinfonía por escuchar

Durante algunos días estuve a punto de escuchar una sinfonía, sólo a punto, porque parece que aún está por componerse, tuve la dolorosa fortuna de asistir a su concepción vital, y así se me transmitió:

"Una sinfonía muda,
casi un silencio,
casi un ocaso que no llega,
casi un nacimiento por engendrar,
casi una burla sin pensamiento,
casi una muerte sin alma.

Epifanía expectante,
anhelo en duelo,
respiración contenida,
lágrimas secas en mis venas.

Recuerdos sin enterrar,
deseos sin consumar,
aturdimiento,
heridas,
carne viva.

Mentiras deambulando
que buscan su verdad.
No caben sueños,
los versos son ahora obstáculos,
las explicaciones son insuficiencia,
los dolores son inenarrables.

Los espectadores tienen opinión,
yo tengo dolorosa verdad.
Los amados lloran mi llanto.
La muchedumbre saborea su curiosidad:
¡lobos de la ignorancia!
¡aves de rapiña sin presa!

La tormenta se hizo ventisca,
la ventisca rocío de una mañana,
el rocío caricia del viento en mi piel.

Sólo respiro...
pero vivo.
Siento mis ojos,
quiero hablar.

La sinfonía esta dispuesta.
Antes de empezar,
mis primeros silabeos:
Es pe ran za."

Seguramente no la escuharé, sólo sé que todo esta dispuesto, en quien la concibió, para que sea una buena sinfonía, y será tan verdadera como la experiencia de su concepción.

15

Una noche de cumpleaños

En las vísperas de celebrar mi cumpleaños, me inundó una extraña nostalgia. Claramente no se trataba de esa peculiar crisis de la edad que asalta a muchos cuando cumplen años. Esa noche estaba conociendo Lisboa en medio del frío y la tenue luz de sus callejuelas y pendientes. Sentí que se templaba mi espíritu a medida que contemplaba esta bella ciudad, cuidándome de no ser atropellado por algún tranvía. Caminaba como un turista sin guía, que quiere ver lo que nadie ha visto, o por lo menos con la novedad de quien lo descubre por sí mismo, aunque tardase más tiempo, o perdiese la oportunidad de ver los monumentos más importantes.

Luego de subir y subir entre estrechas calles llegué a la Iglesia de la Gracia, encontrándome con un estupendo mirador natural. En un primer momento me maravillé por el contraste de las luces con tantas casas viejas, en una ciudad que dormía pronto.

Era la primera noche de mi vida en Lisboa, esta ciudad empezaba a atraerme como un sueño que siempre se ha vivido y a la vez siempre se espera. Con un poco más de frío, y más reflexivo, sentí el peculiar miedo a las alturas que me recuerda los abismos de mis pesadillas infantiles, así como el eterno deseo de volar, siendo un ave que mantiene el vuelo sin agitar sus alas.

Me apoyé en un muro y del otro lado hacia abajo sólo se veían unos árboles y los solares traseros de casas que se caían a pedacitos. Esta sencilla observación me hizo ver, me abrió a reconocer un anhelo. En realidad en esas vísperas, encontré lo que buscaba sin saberlo, encontré el puente afectivo con un pequeño lugar y momento de mi pasado: La Comuna Nororiental de Medellín a principios de los años noventa.

Es el mes de octubre de mi último año de colegio, en Medellín. Mi ciudad siempre respira orgullo, amor propio y amabilidad. En Medellín se dice: "ser paisa –de la región– es la putería", es decir, lo mejor que alguien le puede ocurrir. Los paisas somos verracos –esforzados–, trabajadores, echados para delante, nos forjamos por nuestros antepasados a fuerza de arrieros y mulas, atravesando montañas, "porque para salir adelante en la vida tiene que ser a Dios rogando y con el mazo dando". También estamos acostumbrados a acostarnos pronto y a madrugar mucho, porque se dice que "al que madruga Dios le ayuda".

Tengo dieciséis años, y las noticias que escucho rutinariamente se refieren a balaceras, a la guerra entre los cárteles de Medellín y Cali; al precio que se paga por las cabezas de los tombos, los policías son especialmente codiciados si se atreven a subir a la periferia de Medellín, a las llamadas comunas. Parece que me acostumbro a escuchar habladurías sobre las guerras entre bandas y sus respectivas reparticiones de barrios. Ya se habla de milicias populares. Ahora hay unos a los que llaman pepes (perseguidos por Pablo Escobar) y matan para defenderse del capo. Creo que en el ámbito internacional sólo se sabe algo de Medellín por las noticias impresionantes que ofrecen los atentados con carrobombas, o por la expansión del narcotraficante Pablo Escobar. Se estigmatiza a Colombia y a los colombianos como tierra de narcotraficantes y asesinos.

En este año, mil novecientos noventa y dos, ya contamos con una nueva Constitución Política, que según dicen representa la diversidad del país. Hace un par de años mataron varios candidatos que aspiraban a la presidencia del país: Galán y Pizarro entre otros. En este ambiente se mantiene la esperanza de que las cosas puedan cambiar. Me pregunto: "¿De qué cuero estamos hechos los colombianos para aguantar todo esto?" No entiendo mucho de política, sólo veo que ocurre de todo, parece que no puedo hacer nada, aunque hay dos cosas que me conmueven y me enfadan mucho: la primera es que los más jóvenes se matan por maricadas (estupideces), la segunda es que mucha gente quiere hacer las cosas bien y no puede, impera la ley del silencio, pues se dice: "hay que comer callao" porque "el pez muere por la boca".

Por estos días me reuno a hablar con unos amigos y amigas acerca de "lo que está pasando en el barrio popular", este barrio es parte de la llamada Comuna Nororiental en Medellín, es un barrio caliente y peligroso. No entendemos cómo Medellín, nuestra tacita de plata, esta ciudad que crece hacia las montañas, ciudad de las flores y de la eterna primavera, está manchada con tanta sangre. Todos queremos justicia, o por lo menos un tiempo para llorar los muertos, pero esto no da tregua, convivimos con la muerte y el sufrimiento.

En principio mi barrio no es tan peligroso pero se escucha que mataron a uno de la banda de los lagartos o que alguno dio papaya al fumar marihuana donde no debía. Es que no se puede olvidar que aquí en Medellín "el que la hace la paga". Cada vez que matan a alguno en mi barrio todos se preguntan en voz baja: ¿Qué habrá hecho para que lo mataran? ¿en qué estaría metido? Y me digo: "Es verdad, nos estamos acostumbrando a una lógica de guerra y venganza".

Finalmente, entre mis amigos, sólo cuatro decidimos subir al barrio Popular Uno, en la Comuna Nororiental. Realmente es una aventura, o una locura, según se vea. Allí no se sube en autobús sino en camioneta, las mujeres van sentadas dentro, los hombres, colgados y de pie, en el guardabarros de la parte trasera del carro, sinceramente no sé cómo refuerzan esos carros para subir estas lomas. Cristina y Lina, comparten la calurosa respiración con los que van sentados; Jairo y yo, respiramos el aire fresco y limpio al alejarnos del centro de la ciudad, con la cabeza y el cuerpo al aire, teniendo la sensación de caer en cualquier momento al asfalto.

Recuerdo que a los pocos días de empezar a subir al Popular me golpeó el retrovisor de un autobús que venía en el sentido contrario de nuestra camioneta. La tarea que nos proponemos es conocer de primera mano lo que pasa allí, para ver qué podemos hacer. Muy pronto nos hacemos amigos del cura, esto nos da cierta inmunidad ante las balas, ello nos permite subir y bajar del barrio sin que nos amenacen, ni se metan con nosotros. Somos los amigos del cura. Aunque pasado un tiempo me enteré que nos seguían e investigaban, no supimos quienes, para saber nuestras intenciones; se preguntaban qué hacían allí los de abajo, es decir los ricachones, los ricos de Medellín.

La Comuna Nororiental también es considerada como un conjunto de barrios de Medellín. Pero en el Popular Uno la gente se ve como un mundo aparte, con leyes propias, las leyes del que tiene el fierro, la pistola. Es un barrio que creció tomando terrenos públicos en las montañas del nororiente de Medellín, hasta este momento no sabía que Medellín se podía ver desde arriba. Luego de cinco meses subiendo al Popular, la gente ya nos conoce y algunos nos saludan, también nos hacen todos los reclamos posibles, porque a su parecer tenemos mucho más que ellos, por ser de los ricos de Medellín.

Celebré mi diecisiete cumpleaños en la comuna. Nos reunimos con niños y jóvenes, hablábamos de sus necesidades y problemas, también empezamos a contactar con milicianos y bandas, tratando de mermar el tono de los resentimientos que hacen tan barata la vida de unos y de otros. Normalmente me ocupo hablando, en el campanario de la Iglesia, con algún joven matón, o que maneja armas, o que esta en riesgo de empezar a matar. Hablando de estas cosas celebré mi cumpleaños. Unos días después supe que uno de los niños de nuestras dinámicas de paz y reconciliación cumplió años el mismo día que yo, además es tocayo mío, se llama David, y le apodan el Pibe. Curiosamente me hice amigo del Pibe, pero amigo de verdad. Le llaman así porque tiene el cabello rubio, largo, y con rizos. David es muy parecido al mejor jugador de fútbol colombiano, Carlos Valderrama, conocido internacionalmente como el Pibe Valderrama, por eso le llaman el Pibe.

Aunque muchas veces me siento triste y desconsolado por ver lo aparentemente inútil de mi trabajo allí, el Pibe con sus diez años de vida se convierte en mi esperanza de vivir en un Medellín distinto. Así empecé a sentirme padre a los diecisiete años. Todos los fines de semana subimos a la comuna los cuatro de siempre. Para que me hallen allí, en la montaña, entre tantas calles estrechas, sólo basta preguntar por dónde anda el Pibe, pues siempre me acompaña cuando voy de caminata por sitios particularmente peligrosos; conoce el barrio más que yo, y a él todo el mundo lo quiere.

Este niño parece una rareza en un mundo de miseria y descomposición social, siempre sonríe. Cuando hablo o trabajo con otros él escucha y se entusiasma. Tengo la impresión de que siente todo mi sufrimiento por Medellín, con la certeza del que puede cambiarlo todo con su vida, pues él es de la comuna y se comporta con dulzura y generosidad, yo, en medio de todo, sigo siendo un extraño en una parte de mi tierra. Pasado el tiempo, sin querer, empezamos a ser una amenaza para muchos, y hemos tenido que bajar de la comuna, no sé cuándo podré volver, tengo la sensación de ser injusto al abandonarlos a su suerte, a su modo de morir.

Con la mirada aún baja, sentado en el muro, me reencuentro viendo la oscuridad entre los árboles y los solares traseros, miro el pasto oscuro, y las viejas casas, allí no hay muertos, no se escuchan disparos que resuenan en las montañas, y me digo: ¡Qué lindo es Lisboa! ¡Qué lindo es Medellín!

Me he sentido nuevamente como en el campanario del Popular I, cuando luego de una conversación difícil, y ya entrada la noche, contemplaba las luces de Medellín desde arriba, seguro de sembrar una semillita para los futuros Pibes.

Yo he sido amigo del primer Pibe, aunque tal vez no del primer niño que miraba con sencillez, verdad y entusiasmo. De este Medellín, en La Comuna Nororiental, a principios de los noventa, ha pasado más de una década, y estoy seguro que lo que allí escuché y vi me educó para siempre en la necesidad de ver, en el borde del abismo, lo sublime y dramático, de la condición humana en cada persona. Gracias a esa noche en Lisboa pude celebrar de nuevo mi cumpleaños en Medellín.

www.ingramcontent.com/pod-product-compliance
Lightning Source LLC
Chambersburg PA
CBHW021240280526
45784CB00005B/2168